「テロリスト」と呼ばれた男

ドルクン・エイサ
Dolkun Isa

有本 香＝監訳
三浦朝子＝訳

飛鳥新社

まえがき

この本を、私の人生に影響を与えた二人の女性に捧げる。

私のために大きな犠牲を払った英雄、母アイハンと妻マヒレに。

母アイハンは、中国の強制収容所で命を落とした。その罪状とは、私の母であること――彼女は常に力強く、断固とした意志を持ち続けていた。私が一九八八年に学生運動のリーダーとなり、有罪判決を受けて友人や親戚から見放された時も、母と父は私の唯一の味方だった。

一九九四年、北京の空港で別れる時、母は私を強く抱きしめ、泣いた。

「息子よ、私たちはもう会えないかもしれないね。でも、私たちのことは心配しないで。あなたは信じる道を進みなさい」

二〇〇三年、中国政府は私に「テロリスト」のレッテルを貼り、両親に私を勘当《かんどう》するよう強制した。だが母は断固として反論した。

「息子を見捨てることはありません。牢屋へ入れられても構いません。息子はテロリストではありません」

中国警察による執拗《しつよう》な取り調べや脅《おど》しも、母の精神を挫《くじ》くことはなかった。

七十八歳の母が収容所に閉じ込められ、命を奪われた時、母の「罪」はただひとつ、私の母であること、そしてウイグル人であることだった。

母の訃報はラジオ・フリー・アジアの報道を通して知った。彼女がどこに埋葬されたのか、そもそも埋葬されたのかさえもわからない。しかし、私は彼女の忍耐強さと尊厳を絶対に忘れない。

私の妻、マヒレは、もう一人の英雄だ。

彼女は大胆な理想を抱くわけでもない、ただの日常を生きる女性で、二人の子供たちの母だ。それでも彼女は三十年間、私の傍《そば》にいてくれた。共に歩み始めたころ、彼女は安らぎと幸せに満ちた平凡な家庭生活を夢見ていたかもしれない。

だが、私はその願いを叶えることができなかった。

亡命者としての私の生活は、戦いと困難で満ちていたからだ。

世界中を飛び回っていた私は、家族の世話をする時間はほとんどなかった。そこでマヒレは、母親と父親、両方の役割を担《にな》ってくれた。家族を支えるために、一生懸命働き続けた。二十六年間の亡命生活で、彼女は故郷を訪れることもなく、両親と会うことも叶わなかった。

マヒレは私と結婚した「罪」以外、何の罪も犯していない。

しかし「テロリスト」と呼ばれる男の妻であることに苦しまなかったはずはない。それでも、マヒレは、一度も後悔したとは言わなかった。中国の告発は私の道を阻《はば》むための罠《わな》で、その影響は世界中に及んだ。

旅の途中に多くの国で勾留《こうりゅう》され、何度かは中国への強制送還寸前だった――。それらの困難な時期に、マヒレはいつも全力を尽くし、私を救出した。

眠れない夜を幾晩も過ごし、私が無事に帰るまで待ち続けてくれた。彼女は私の最も信頼する友人であり、助言者だ。

もっと良い夫に、もっと良い父になれたらと、いつも思っている。

勇敢な女性、マヒレへの敬意と感謝を忘れることはない。

まえがき……1
序章……7
第一章　中国の邪悪な手……15
トルコからドイツへの亡命／はじめての勾留／「誰かを殺しましたか？」
インターポールの共謀／対テロ戦争を悪用した中国
第二章　「テロリスト」になった私……27
自宅軟禁と大学追放／北京で運命の出会い／東トルキスタンのテロリスト／「テロリスト」への反論
第三章　はりめぐらされた罠……47
人権の首都ジュネーヴで起きたこと／拷問に等しい苦痛／ドイツの市民権を申請
中国政府からの圧力／強制送還：ワシントンD・C／不当な処置と侮辱／「何があったの、ドルクン」
第四章　閉ざされた門……67
トルコからの強制送還／解かれない入国禁止／期待外れのトルコ／台湾に対する中国の牙
中国共産党と国民党

第五章　韓国からの逃亡……83
「韓国には入国できません」／大部屋で強制送還を待つ／最も恐れていたこと
韓国が交わした約束／韓国への警告／自殺か、中国による拷問か／中国に強制送還される恐怖
ドバイ行きではなかったら／危機一髪だった……

第六章　国境線上の論争……107
アジアには行くなとの警告／インドネシアとマレーシア／空港に残ることを決意
サウジアラビアからの招待状／聖地での監視／もし政府の来賓でなかったら
北キプロスにも迫る中国／アンカラからの知らせ／冬の海で会議を続けた
拘束の日々：ローマ／中国に頭を下げるイタリア／中国の典型的な脅し文句

第七章　インターポールの内幕……139
例外だった日本と安倍晋三／すべての元凶はレッド・ノーティス／波紋を呼んだメルケル発言
広げられたレッド・ノーティス／消え去ったレッド・ノーティス／孟宏偉総裁の失踪
レッド・ノーティスの亡霊／国連内部に及ぶ中国の影／国連からの追放／国連に及ぶ中国の牙
感動したアメリカ大使の言葉／一週間にわたる外交戦／敗北した中国だったが
勇気あるひとりの女性／中国代表とアメリカ代表が火花／カリー大使が中国へ反論
国連で初めて口にされた言葉

第八章　ウイグル強制収容所……189
天井のない監獄／総裁としての初メッセージ／中国外交官と直接対決／強制収容所をめぐる論争
中国の代表団は四十九人／収容者は「百万人以上」／世界民主主義賞という追い風
「テロリスト」から「自由の闘士」へ／トルコで再び強制送還

第九章　強制収容所で殺された母……217
「もう電話をかけてこないで」／家族は完全に破壊された／ウイグル人たちの闘い
ウイグルジェノサイド／中国は人類にとっての災厄

第十章　ウイグル法廷……233
ミュンヘンでの襲撃事件／襲撃事件、その後／活動家を暗殺する中国
中国を裁く新たな法廷／審判の時

あとがき……247

監訳者あとがき　親友ドルクン・エイサに捧ぐ……250

訳者謝辞……254

序　章

自由な国に生きながら、私は何度も収監されたかのような屈辱を味わってきた。自由と民主主義、人権、表現の自由、法の支配が統治の原則であるはずのヨーロッパの国民でありながら、不当な扱いを受け続けた。私の自由は奪われ、尊厳は踏みにじられ、勾留《こうりゅう》され、尋問された。自由な世界での希望に満ちた信念と共に、悲劇が私に降りかかった。それは西側諸国で起きたことだ。法治国家の中で。

しかし、そのような屈辱や苦難にもかかわらず、あるいはむしろそのために、私はひとつの目標を追い求め続けた。それは、東トルキスタンの人々の代弁者として積極的に活動することだ。文化的アイデンティティや信仰を捨てさせられ、文化的・肉体的なジェノサイドに直面する彼らのために闘うことだ。現在、強制収容所に囚《とら》われている三百万人以上の彼らのために。

一方、同胞の正義を追求しつつも、自らの人生を終わりにしたいと私は何度も思った。ワシントンD・Cからドイツへの送還時、飛行機が墜落すればいいと願ったこともある。

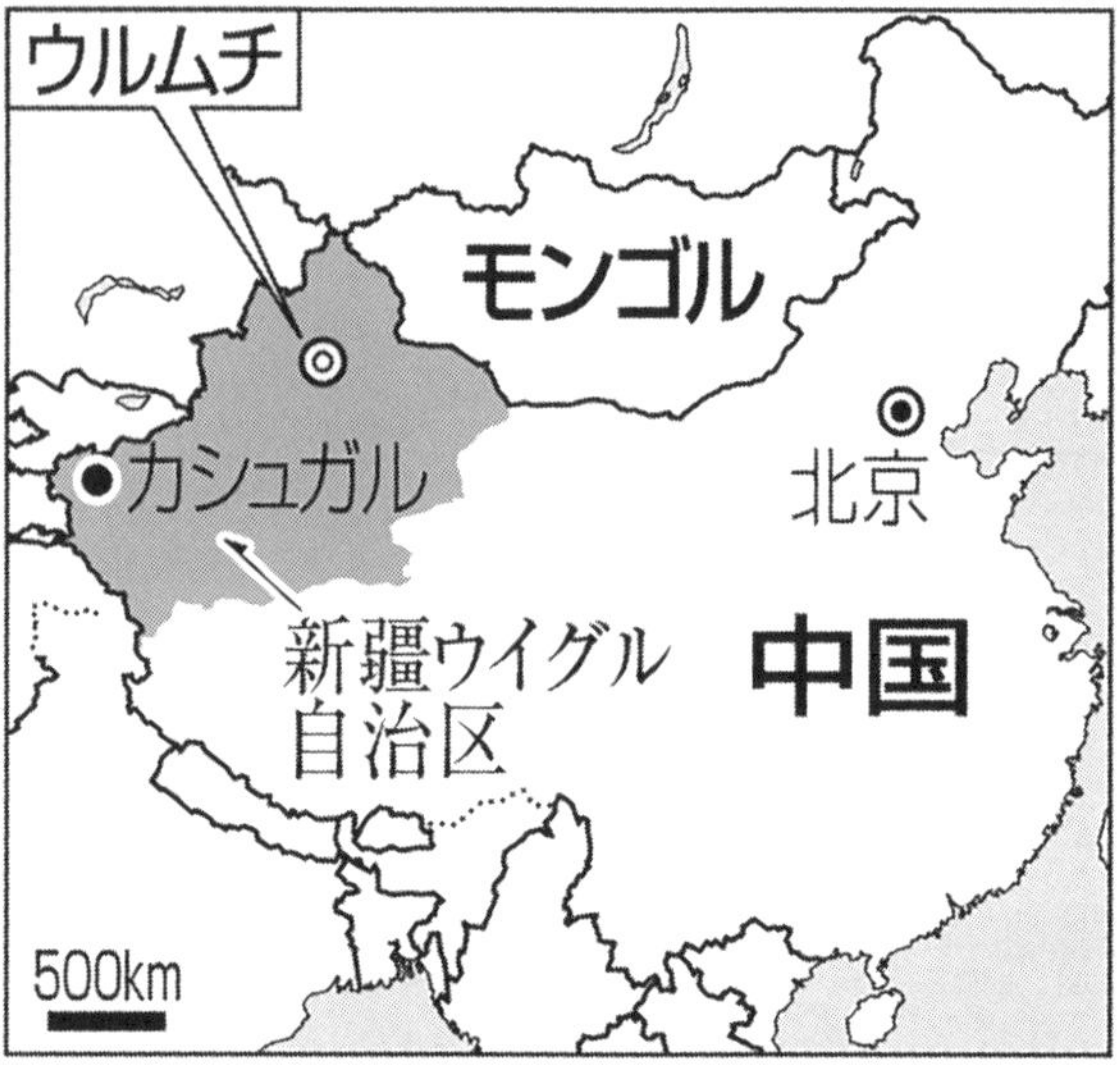

植民地にされた東トルキスタン　（共同通信社）

ソウルで勾留され、中国へ引き渡される危機に直面した時も、自らの命を絶つほうが、中国の手に落ちるよりもましだと思った。私が自殺すら考え、人生が取り返しもつかないほどに変わってしまったのは、世界で最も圧政的で独裁的な政権、中国共産党の裏切り行為の結果だ。

私は中国のような「巨大な」国の最大の敵にいったいどのようにしてなったのか、今でも考える。そして、今もこの問題に取り組んでいる。私は世界から忘れ去られた土地、東トルキスタンで育った。一九四九年に中国共産党の支配下に入り、私が生まれた時には、この広大な土地はすでに「新疆《しんきょう》ウイグル自治区」として中国の一省となっていた。

私は一九六七年九月、新疆ウイグル自治区のアクスで生まれた。それは中国共産党が東トルキスタンに侵攻してから十八年後のこと。中国や東トルキスタンでは毛沢東の「文化大革命」の嵐が吹き荒れ、知識人や宗教学者、裕福な人々が投獄された。愛国心に燃える英雄たちが「愛国主義」と「裏切り」の名のもとに命を奪われた。それは暗闇と圧政の時代だった。

一九八四年、私は十七歳で新疆大学に入学。それまでの私は、自分のアイデンティティや民族、ウイグルと中国の関係についてほとんど理解していなかった。大学に入ってから、自己を発見し、民族のアイデンティティを見つけ、世界観を広げ、独自のイデオロギーを持つことができた。それはすばらしい贈り物だった。自分たちの歴史にもっと興味を持つようになり、ウイグル人に対する抑圧は神の摂理ではなく、不当な占領の結果であることを学んだ。

そして、教育があれば、同胞の悲劇的な現実を変えることができると気づいた。自分のアイデンティティについて学んだことが私を鼓舞したように、同胞たちも同じように鼓舞されることを知った。ウイグル人の七五%から八〇%が文字を読めず、深い眠りに落ちていた。その人々の目を覚まさせたいと思ったのだ。

私は一九八七年、科学文化学生同盟を設立し、何百人もの学生を組織し、東トルキスタン全土に派遣した。学生たちは様々な教室でウイグル文字や憲法に規定された権利、自治権に関する法律を教えた。一九八八年六月、私はウルムチで民主主義を支持する学生デモを組織し、約五千人の学生が参加してくれた。その結果、私は卒業を目前にして大学から追放され、中国政府のブラックリストに名を連ねることになった。

追放後、故郷で小さな商売を始め、地下出版社も運営。一九九〇年九月には北京に移り、二年間にわたって英語とトルコ語を学び、一九九二年には食堂を開業した。しかし、一九九四年五月、私は祖国を後にし、海外に避難することを余儀なくされた。当時は、これが親との最後の別れであり、巨大な敵である中国に敵対し、レッド・ノーティス（インターポール「国際刑事警察機構」が発行する国際手配書）のリストに名前が載る「罪人」や「テロリスト」になるとは、まったく予想もしていなかった。

中国政府は私に対する逮捕状を公表し、「殺人犯」と「罪人」という汚名を着せた。そして、二〇〇一年九月十一日のアメリカ同時多発テロ事件後、彼らはさらに「テロリスト」というレッテルを貼った。そう、圧政的な政権は一夜にしてあなたを罪人にし、テロリストに変えることができるのだ。言うまでもないことだが、罪人やテロリストとしての人生は恵まれたものではない。

レッド・ノーティスは二十一年にわたって私に付きまとい、それは私にとって死の宣告と同義だった。それのせいで、スイス、トルコ、韓国、イタリア、アメリカで拘禁《こうきん》された。

「テロリスト」として中国に引き渡される可能性が常に身近にあった中、生き残ることができたことは運がよかったと思われていた。

しかし、自由と正義は容易に手に入るものではないことを、私は常に強く感じた。努力と闘いの末に得るものだと信じていた。厳しい結果に直面した時は失望したが、希望を捨てなかった。深い悲しみを抱えつつも、絶対にあきらめなかった。

そして、二〇一八年二月二十一日、私を苦しめ続けた脅威はついに取り除かれた――。テロリストと言われていたころ、私に対してあらゆる扉が閉ざされていた。将来への不安に心身ともに疲弊していた。しかし、今では私は自由の闘士となり、人権と民主主義の擁護者となった。私を締め出した組織から、国際的な賞と称賛の言葉が贈られた。

罪人扱いされた国の議会で私は証言し、話をする機会を得た。米国議会、欧州議会、国連の人権機関、さまざまな国の議会など世界の政治や経済で指導的な役割を果たしている組織や国々で。私はそこで自らの経験や同胞の経験を共有し、中国政府の本質を暴く役割を果たすようになった。

今、レッド・ノーティスは存在しない。私は自由な人間として世界中を自由に旅行できるはずだ。しかし、現実はまだそれとは異なっている。

中国の邪悪な手はインターポールによって断ち切られたが、その手や影響力は世界中に容赦なく広がり続けている。中国政府の圧力のために、まだ多くの国の扉が私の前で閉ざされている。トルコやインドなどの政権も私に対して扉を開けてはくれない。

中国共産党政権の脅威を理解していない国は無数にある。脅威を認識している国でも、無力だったり、中国に恩義を感じたり、陰謀に対処する力を失っていたりする。

中国共産党は、ウイグル人だけでなく、人類全体や私たちの民主主義の価値、人権、そして世界の政治にとっても脅威である。彼らは犯罪や国家テロを合法化し、私たちの自由な機構を破壊しようとしている。たとえば、中国は二〇二〇年に「国家安全維持法」を通過させることで、香港の民主主義を破壊する犯罪を合法化。これにより、香港の民主化運動が暴力的に弾圧され、自治権を失ってしまったのだ。

習近平が権力の座に就《つ》いた後、中国共産党は東トルキスタンにおける人種同化政策と差別政策を公然とジェノサイド政策に変えた。彼らは二〇一五年に「反テロ法」を通過させ、東トルキスタンでの人道に反する罪を合法化した。

そして二〇一六年からは、「再教育センター」と称した強制収容所の建設を始め、数百万人ものウイグル人やカザフ人、チュルク系イスラム教徒を閉じ込めた。多くのウイグル人の子供は両親から引き離されている。彼らは民族のアイデンティティを捨てるよう強要され、過酷な労働に駆り立てられ、奴隷のような状況に置かれている。

ウイグル人の臓器は摘出され売られているし、彼らは信仰のために迫害されている。さらに二〇一七年以降、多くのモスクが破壊され、コーランが焼かれた。中国共産党は公然とイスラム教に対する戦争を宣言し、「撲滅すべきイデオロギーのウイルス」と呼んだ。共同墓地や数百年前の遺物さえも破壊された。

悲しいことに、イスラム世界はまだ沈黙し、中国共産党の犯罪を支援している国さえある。

第二次世界大戦時、ナチスが六百万人ものユダヤ人を虐殺した時、世界は沈黙したままだった。しかし、戦後になってその罪は告発され、「二度と繰り返さない」という約束を交《か》わした。それから七十年後、中国共産党がウイグル人を虐殺している。それなのに、世界は未だに沈黙し続けている。

私は三十年以上にわたり、ある仕事に身を捧げてきた。それは、東トルキスタンの人々が束縛から解放され、自由に生きることができるように闘い、同時に世界中の人々に目を覚まさせ、中国共産党が人類にとっての脅威であることを知ってもらうためのものだ。

この本は、中国共産党の脅威を明らかにし、それを世に知らせるという、私の人生の使命である活動の延長線上にある。そしてこの本は、一人の人間の興味深い物語だ。自由な世界で多くの不当な扱いに直面し、自由と暴力、民主主義と独裁の間で繰り広げられる、より大きなイデオロギーの闘いの犠牲となった人間の物語だ。

私が語る物語は、ネルソン・マンデラやマハトマ・ガンジーなどの活動家の物語とは異なる。なぜなら、それは完全に自由な世界で、さらに西洋の価値観の真っただ中で展開されているからだ。そして、この物語は現在進行形でもある。

この物語の結末や私の将来については語ることはできない。なぜなら、中国の邪悪な手はますます拡大し、西側諸国に浸透し続けているため、私の将来がどうなるのかはっきりとわからないからだ。

しかし、この本を読んだ後、皆さんも自分たちの将来がどうなるのかはわからないことを理解していただければと願っている。

第一章

中国の邪悪な手

トルコからドイツへの亡命

一九九九年まで、私は自分がインターポールによって「犯罪者」として指名手配されていることを知らなかった。それを知ったのは、トルコに避難してから五年が経ったころのことだった。トルコには私たちにとっての数々の障壁があったが、東トルキスタンの青い旗を掲げてデモに参加したり、中国に対する抗議活動に関わったりすることは、トルコではまだ禁止されていなかった。

一九九四年、トルコに到着後、私は「東トルキスタン学生青年同盟」を立ち上げた。当時、トルコにはわずか六、七十人のウイグル人学生しかいなかった。しかし、中国政府の圧力により、私のトルコでの活動は突如、終わりを告げ、ドイツへの亡命を迫られることになったのだ――。

トルコ以外のヨーロッパでは、ウイグル人はほとんど存在しなかった。数家族のウイグル人家族がドイツに居を構えていただけだ。第二次世界大戦後、アメリカはミュンヘンにラジオ・フリー・ヨーロッパを創設し、共産圏に対する情報戦を指導した。ウイグル人のための放送局もそこに設立された。ポラット・カディル、サタル・ブルブル、グラミディン・パヒタ、エリキン・アリプテキン、ザイナプ、アニワルジャン、オマル・カナットといった名前のウイグル人たちがミュンヘンに集まり、ラジオ・フリー・ヨーロッパで働いていた。

一九九〇年、エリキン・アリプテキンが設立した欧州東トルキスタン同盟が、西洋で初めてのウイグル人団体となった。そして、それはドイツにおける唯一のウイグル人団体でもあった。ソビエト連邦の崩壊後、中央アジアの共和国が一九九〇年に独立を果たしたことは、ウイグル人に希望をもたらした。多くの若者が中央アジアやエジプト、パキスタンからドイツへと移住し始めた。一九九〇年代末、ミュンヘンはディアスポラ（離散民族）として生きるウイグル人の政治運動の中心地となっていたのだ。

私自身も一九九六年六月にドイツに到着し、亡命を求める決断をした。この決断にあたって、オマル・カナットが重要な役割を果たしてくれた。ドイツに移住後、私はオマル・カナットやアスカルジャン、パルハット・ムハンマド、アブドゥルハキム・イドリスと共に行動し、同年十一月にはドイツにウイグル人の若者を招待した。私たちは世界ウイグル青年文化集会を組織し、さらに世界ウイグル青年会議も創設した。私たちは、ウイグル人の若者のための政治団体を作り上げる必要性を感じたのだ。

二〇〇四年まで東トルキスタン民族会議や世界ウイグル青年会議といった二つの重要な組織が存在しており、ミュンヘンを拠点にしていた。私は同胞の声を代弁し、中国のウイグルへの圧政に対する意識を高めたいと心に決めていた。当時、ヨーロッパにはウイグルに関する知識がほとんど存在しなかった。つまり、ウイグル人が苦境に立たされていることや、中国について真に理解している人はほとんどいなかったのだ。

一九九〇年代、中国が急速に発展していく中で、私のような存在が彼らにとって重要なものとなるとは思ってもいなかった。私は常にドイツの法律の力と個人の保護を信じ、安全を感じてきた。そして、同じような印象を他の移民たちも抱いていた。私たちにとって、中国が東トルキスタンで行っている残虐行為に対抗するための活動を自由に行える環境がドイツにあると感じられたのだ。しかし、予想もしなかった出来事が起こり、私は自分が間違っていたことに気づくことになる。

はじめての勾留

一九九九年十二月、ワシントンD・Cで開催される会議に招待された。中国民主化運動の指導者である魏京生《ぎきょうせい》から招待状が届いたのだ。魏は、米国議会での会議に香港、台湾、チベット、南モンゴル、ウイグルの代表が参加する予定だと言った。

私はアメリカを訪れたことはないが、友人や学友がアメリカにいた。一九八八年、東トルキスタンの大学で行ったデモで大学を追放されて以来、会う機会を失ったままだった。

私は友人たちと再会し、ウイグル人の大義を主張する機会を求めるために、アメリカへの旅行を決意した。

当時、私はまだドイツ市民ではなかったため、難民としての特別な旅行書類を所持していた。アメリカへの旅行をするためには、その書類でビザを申請しなければならなかった。ミュンヘンにはビザの事務所がなかったので、フランクフルトにあるアメリカ総領事館を訪れることになった。そして、そこで初めて自分がインターポールのレッド・ノーティスで指名手配された「犯罪者」であることを知ることになったのだ。

友人のオトクル・メメットイミンと共にフランクフルトへ行き、アメリカ総領事館でビザの申請をした。一時間ほど待った。待っている間、警備員の制服を着た人が事務所から出てきて、顔をしかめ、冷たい目で私を見た。どうして私に対してあんな顔をするのか、友人に尋ねた。何かの間違いだろう。警備員は事務所に戻ったが、十分後にまたやって来た。まだ、しかめ面《つら》をしている。

「立ちなさい、行くぞ」

「パスポートを待っているんです。どこに行くのですか？」

「いいから、外に出るんだ！」

警備員が怒鳴った。しかたなく私たちが建物を出ると、そこには、ドイツ警察の車が二台待っていた。

アメリカ領事館の警備員は、ドイツ人の警察官と二、三分話していた。警察官が、理由もなく逮捕はできない、と言うのを耳にした。ショックだった。何が起きているのかわからなかった。

ドイツ人の警察官が二人、私に近づいてきた。

「誤解があるようですが、警察署に行かないと。確認したいことがあります」

私はうなずき、警察の車に乗った。オトクル・メメットイミンが一緒に乗ることは許可されなかった。警察官は彼に警察署の住所を渡し、公共交通機関か自分の車で来るように言った。ドイツ人の警察官は落ち着いた感じだったので、不安な気持ちが和《やわ》らいだ。

「誰かを殺しましたか?」

警察署に到着した後、警察官が微笑みながら尋ねてきた。

「誰かを殺しましたか?　何人殺しました?」

「私が?　何人殺したと思うんです?」

私も微笑み返しながら答えて首を振った。

「誤解でしょう。たぶん、同じ名前の別人かと。確認するのでお待ちください」

誰かを殺したか、という質問が、待っている間も耳元で響いていた。一体何が起きているんだ？　一度も人を殺したことなんてないのに。鶏ですら殺したことがないのに！

警察官が問い合わせの電話をかけている声が聞こえてきた。「インターポール」という言葉が何度も繰り返された。「インターポール」とは、私の理解では、国際的な警察組織で、最も危険な犯罪者や逃亡者、凶悪犯罪者を追跡する組織だ。私がなぜそんな人々やインターポールと結びつけられているのか、理解できなかった。

二時間が経過。警察官はまだ電話をしている。私は警察署の中を行ったり来たりしながら、オトクル・メメットイミンの到着を待っていた。アメリカ総領事館が閉まる前に旅行の書類を取り戻せなかったら、と思うと不安だった。

警察官は怒った様子で戻ってきて、私に写真を突きつけた。

「これはあなたですか」

その口調の変化から、これは厄介な事態に発展するだろうと想像がついた。警察官が私に見せた写真は、十年以上前、まだ若き日の私だ。どうやって、故郷の東トルキスタンで撮った私の写真を手に入れたのだろうか。不可解な思いが頭を巡った。

「私に似ていますね」

「もしこれがあなたなら、逮捕令状が出ています」

どのように応答すべきか、私は途方に暮れた。警察官は、私の両親の名前とアクスの住所が記載された逮捕状を見せた。これは単なる誤解ではないことは明らかだ。自分が窮地に立たされていることを理解し、裏に中国の存在を感じ取った。しかし、どうしてこんなことになったのか、なぜ……。

インターポールの共謀

一九八八年、私は学生デモの先頭に立った後、大学から放逐《ほうちく》された。それはもう遠い過去のことである。一九九四年にトルコに到着した後、私は新たな団体を立ち上げ、デモを組織したが、その規模は中国が目を向けるほどのものではなかったはずだ。一九九六年にドイツで世界ウイグル青年会議を創設した後も、私たちの活動は中国を震え上がらせるほどのものではなかったはずだ。

資金は限られ、国連やEUでの影響力や活動力も当時は今ほどではなかった。しかしながら、中国は私の動向に気づいていたようだ。そして私の名前をレッド・ノーティスのリストに加えるのに十分だと思ったのだろうか。

警察官は私の目の前に逮捕状を置いた。中国によって一九九七年にレッド・ノーティスのリストに掲載されていた事実に、私は仰天《ぎょうてん》した。それに続く罪状を見て、さらに驚きを隠せなかった。

「殺人、犯罪集団の活動、強盗……」

その罪状はあまりにも重い。私はすぐさま弁護士のアルブレヒト・ゲーリングに電話をかけた。警察署での待機時間は六時間にも及んだ。警察は私を公式には逮捕しなかったが、出ていくことも許さなかった。

警察官は私の亡命申請の際に提出した書類、そしてドイツに移住してから私が中国に対して展開した政治活動に関連する資料をひとつひとつ調査した。彼らは会議を開き、議論を交わしていた。

やっと、警察官が私の元へ戻ってきた。先ほどよりも親しみやすい口調で話し始める。

「一九八八年、あなたは中国の体制に抗議する学生デモを指導しました。反応した中国共産党が一九九七年に逮捕状を出したものの、あなたはすでに一九九六年にドイツに亡命しています。ドイツや他のEU国ではあなたの安全は保証されています。アメリカへの旅行はリスクがありますが、中国ではなくドイツへ強制送還されるでしょう。中国と犯罪人引き渡し条約を結んでいる国には注意が必要です」

私は混乱し、途方に暮れた。世界ウイグル青年会議を拡大する計画が、移動制限により不透明なものと化してしまった。

中国が我々の運動を阻止しようとする意図は明らかだった。自分が「犯罪者」として逮捕状が出されている存在であることを私はまったく知らずに、国々を旅していたとは――幸運にも、旅先のどの国でも危険な目に遭うことはなかったのだが。

「私がいつ、どこで殺人を犯したと？」

「一九九六年六月、と書かれています」

警察官はインターポールの書類を見つめながら答えた。

「一九九六年六月には私はドイツにいたのです」

私は言ったが、警察官はただ黙って首を振るだけだった。

この一件でアメリカ訪問は断念せざるを得なかった。中国の邪悪な策略に、私の憤《いきどお》りは収まらなかった。自由な世界に生きる人々に対する迫害の手段としてインターポールを利用するとは――。

対テロ戦争を悪用した中国

私はその時、その逮捕状の影響を完全に予想することはできなかった。二〇〇一年の9・11テロ事件後、中国政府は対テロ戦争を利用し、私の逮捕状に新たな名目――「テロリスト」というレッテルを貼ることに成功したのだ。

二〇〇一年以前、中国政府はウイグル人を「民族分離主義者」「原理主義者」「過激な宗教活動家」などと呼んでいた。だが二〇〇一年以降、私たちは「テロリスト」という烙印《らくいん》を押されるようになったのだ。

二〇〇二年、中国政府は、それまで知られていなかった集団「東トルキスタンイスラム運動」をテロ組織として公にした。悲劇は、国連やアメリカ政府が中国政府の陰湿な意図を看破することなく、この「東トルキスタンイスラム運動」をテロ組織と認めてしまったことだ。これに対して、ディアスポラであるウイグル人たちは深い失望感を覚えた。国連とアメリカがそのように認めたことが、私たちにどのような影響を及ぼすかは明白だった。

想像した通り、二〇〇二年に中国政府は東トルキスタンでの対テロ戦争を開始し、「過激主義との戦い」という名の下《もと》に、大量虐殺と逮捕を断行した。国際的な対テロ戦争は、ウイグル人への厳しい取り締まりを合法化し、国際社会の不安感を利用する効果的な道具となった。

中国は東トルキスタンでの圧政を強化し、国連やアメリカから得た援助でその地位を固めていた。二〇〇三年十二月十五日、中国公安部が反体制派一掃のため「テロリスト」名簿を公開した。名簿には四つのウイグル人組織と十一人の活動家の名前があり、私も含まれていた。ドイツに所在する「世界ウイグル青年会議」「東トルキスタン情報センター」、及び三人の活動家もリストに挙げられていた。

この名簿は国連やEU、ドイツ、アメリカ、トルコなどから認められなかった。しかし、名簿が私に向けられた「罪」を増幅し、中国へ引き渡される可能性を示した時、ドイツの情報機関が反応した。私の活動の詳細を情報期間に提供すると、彼らは「中国があなたをテロ行為の罪で告発した理由がわかった」と述べた。

中国によって私は一瞬にして「テロリスト」の烙印を押された。これは既存の殺人、窃盗、暴力団活動、爆発計画等の罪に加わるものだった。だが、私は一度も銃を手にしたことはなく、暴力は映画でしか見たことがない。これはただの虚構、無実の人間にテロ行為の関与を吹き込む、中国政府の邪悪な策略に過ぎない。

中国当局は私の引き渡しをドイツに求めたが、証拠不足としてドイツは拒否し続けた。ドイツの週刊誌「デア・シュピーゲル」によれば、二〇〇四年初頭にドイツ警察はウルムチに人を派遣し、私に対する告発の根拠を確認しようとしたという。その結果、中国の主張の根拠の欠如はドイツ警察により明確に理解されたのだ。

第二章

「テロリスト」になった私

自宅軟禁と大学追放

トルコへの避難前、私は一九九〇年の九月から一九九四年の五月まで、四年間を北京で過ごした。一九九四年の四月、アクスの両親にこっそり会って別れを告げた後、五月に私はトルコへと足を踏み入れた。

私は一九八四年に新疆《しんきょう》大学の物理学科に入学。その一年後の一九八五年十二月、キャンパスで民主化を求める大規模なデモが巻き起こり、私はその運動の先頭に立った。このデモに関与したことが私の人生の方向を決定する契機となった。それは私の世界観に大きなインパクトを与え、同胞が直面する不公正や差別、主流から疎外《そがい》される経験、それをどう矯正《きょうせい》すべきかという問題を深く考えるようになった。私の内部から湧き上がる声が、黙っているだけではダメだと言っていた。行動を起こすべきだ、と。

友人たちと長時間、この状況における最も深刻な問題、そしてそれが存在する理由とは何かを話し合った。結果、ウイグル人が無知な状態に置かれ、教育の機会を奪われていることが問題となった。ウイグル人の八割近くが文字を読むことすらできないのだ。学校のない村が無数に存在する。文字の読み書きができない人々は、自分たちが直面する圧政の本質と深刻さを理解することができない。その理解の欠如が、事態を変えるための行動を起こせないことを意味する。中国政府はウイグル人を無知のままにして統制を続け、その方法は確実に機能している。

ウイグルの大学生たちが、長い夏休みと冬休みを無為に過ごしている現状に、私は改善の必要性を感じていた。学生たちに、基礎的な読み書き算術の能力や知識を向上させるために組織的な授業を実施することが、至急の課題だった。とにかく何か行動を起こさなくては、何か始めなくては。

数カ月にわたる活動の末、一九八七年十二月に私は新疆大学で「科学文化学生同盟」を創設した。その組織の会長として選出された私は、まず二、三百人の学生を動員し、ウイグル人たちに文字教育を施《ほどこ》した。その取り組みは相当な成功を収めた。

私たちの活動は合法的であり、政府の政策とも相反していなかったが、それでも政府からの圧力や障害に直面することとなり、社会の中の不正や、中国政府の広範な差別政策に対する事実に気づいた。

一九八八年六月十五日、「科学文化学生同盟」の会計エリキン・トゥルスンと共に、中国共産党の新疆地方議会の党書記ジャナビリや、他の中国政府高官たち、教育局の張揚局長、財務局のマフムード局長、国家計画委員会のトフティ・エリ委員長と、緊張感溢《あふ》れる議論を繰り広げた。

五時間にわたる議論の中で、私たちはウイグル人が教育制度や日々の生活において直面する差別や不平等について語り合った。しかし、結局のところ、それは不毛なやり取りに終わった。その後、私たちは大学へ戻り、ストライキを開始。それが最終的に、規模のより大きなウルムチの学生運動へと発展したのだ。

その夜、私は自宅に軟禁された。

三カ月間に及ぶ取り調べの末、私たちの組織の事務局長ワリス・アババキリと私は大学から追放された。その後、私は二年間、アクスとウルムチ、北京間でささやかな商いをした。一九九〇年には、アクスに外国語学校を開設するようウイグル人のビジネスマンたちを説得したが、当局からは申請が却下された。八カ月間の努力は実らず、学校開設は叶わなかった。

北京で運命の出会い

一九九〇年九月、私は北京に移住し、北京外国語大学で英語とトルコ語の授業を受けた。この時、運命の人マヒレと出会い、一九九二年六月に結婚した。マヒレは上海外国語大学のアラビア語学科を卒業後、北京でアラビア語と中国語の通訳として働いていた。二年間、英語とトルコ語に励んだ私は、一九九二年に北京で食堂を開いた。当初は、こうした日常が続くものと思っていた。

しかし、時が経つにつれて、日常は徐々に変貌を遂げていった。食堂を開店した直後から、北京の警察による監視が始まった。たび重なる質問攻めに遭い、「なぜあなたの店には外国人が多いのか」と問われた。実際のところ、同じ通りにはウイグル食堂が十軒以上存在し、どの店にも外国人の姿は見受けられたのだが。

それから間もなく、ある友人から衝撃的な情報を入手した。私が経営する食堂が中国政府の公安局の調査対象になり、北京で国際的な情報交換センターを設立した疑いがかけられていた。その友人からは、中国から早急に去るよう進言され、私は偽造パスポートを手に入れることになった。当時それを知っていたのは妻だけで、妻はその時、我が子ディルフィレを身ごもっていたのだ。

北京に留まり出産を見届けるか、出産に立ち会えずともすぐに中国を出るか、という難しい二者択一を迫られた。私の安全を願う妻は、私に早く国を出るようにと助言した。その言葉を受けて、私は出国を決意した。一九九四年五月二十二日、ワルシャワ経由でトルコに到着。その日はイード・アル・アドハー（犠牲祭）の二日目だった。

トルコに滞在した一九九四年から一九九六年までの間、私はアンカラのガジ大学の修士課程で政治学を学び、抗議行動や会議を計画し、それ以外の活動にも取り組んでいた。友人たちと共に東トルキスタン学生青年同盟を設立し、一九八五年と一九八八年のウイグル学生運動を記念する行事を開催した。

また、一九九五年六月には東トルキスタンイスラム共和国の建国者の一人であるムハンマド・イミン・ブグラの三十回忌の追悼式を初めて開催。しかし、トルコ政府はこうした活動に対して肯定的な見解を示さず、さらに中国政府がトルコに対し圧力を強める状況となった。そのころから、トルコの諜報員《ちょうほういん》が私の元を訪れることが日常となっていた。

一九九五年七月、私はキルギスタンのイシ・クール地域で開催されたトルコ青年世界会合に一員として参加した。カザフスタンとキルギスタンから参集したウイグル青年と共に、世界ウイグル青年文化の日の策定に取り組んだのだ。中央アジアは中国の影響が少なく、自由に行事を計画する環境が存在した。

トルコに戻ってすぐに、私は世界ウイグル青年文化の日の準備に取りかかった。一九九五年十月、ウイグル青年たちはアルマトイで開催された第一回世界ウイグル青年文化の日に参加し、その集会は見事な成功を収めた。

妻は一九九六年二月に学生ビザを手にトルコへと到着したが、私たちは経済的困窮と政治的圧力に苦しめられていた。トルコ経済の低迷が、私たちの生活をさらに厳しくした。そんな中、欧州東トルキスタン同盟のリーダー、オマル・カナットは私たちにドイツへの移住を勧めてくれた。

ドイツへ移住する動機のひとつは、私の所持していた偽造パスポートだった。トルコの市民権申請は却下され、三年間の有効期限を経過したパスポートは更新されなかった。中国政府は、パスポートの更新に一切の協力をしてくれなかったのだ。トルコでは住居や就労許可を得る手段は存在せず、より安全な国へ移住する以外に選択肢は見当たらなかった。その上、ドイツにはヨーロッパ唯一のウイグル人団体である欧州東トルキスタン同盟の本部があった。この団体の存在により、私たちの政治運動の未来へと光を見いだしたのだ。

一九九六年六月、私はトルコを発ち、ミュンヘンに辿り着き、亡命を申請した。わずか六カ月で請求は受理された。トルコ滞在期間中、数々の友人や知人ができたため、時折戻って彼らを訪れていた。トルコ入国自体には何の問題もなかったが、二〇〇三年十二月になると事態は一変した――。

東トルキスタンのテロリスト

二〇〇三年十二月十三日、イスタンブールへと足を運んだ。目的はウイグル独立運動のリーダーだったエイサ・ユスフ・アリプテキン（エリキン・アリプテキンの父）の八回忌追悼行事の開催だった。世界各地から、ウイグル人団体の活動家や指導者たちが集まり、式典に参加するためにトルコに足を運んでいた。だが、十二月十五日の朝、中国政府は「東トルキスタンのテロリスト」のリストを公表したのだ。

リスト公表から二、三時間後、私は初めてその事実を知った。その日の朝、朝食を遅く取っている最中に、長年の友人であり活動家でもあるアブドゥジェリル・トゥランから突然の電話がかかってきた。急いで家に来てくれという彼の声は、深刻な事態を予感させるものだった。

何が起きたか尋ねたが、家で話そうと言われた。その時、私はイスタンブールのアジア側にある別の友人の家にいたが、すぐにヨーロッパ側へと向かい、アブドゥジェリル・トゥランの家へと到着した。

二十名ほどの友人たちが私を待っていたが、皆不安そうな面持《おもも》ちだ。私が中国のリストに名を連ねていることは、到着と同時に知らされた。そのリストには四つのウイグル人団体と十一人のウイグル人が記されていた。その団体とは、東トルキスタン・イスラム運動、東トルキスタン解放組織、世界ウイグル青年会議、東トルキスタン情報センターだった。個人名のリストには、私の名が三番目に載っていた。

国際的なメディアから次々と電話がかかってきたが、突如降りかかった事態に私は戸惑っていた。何を行い、何を述べるべきかがわからなかった。

突然のニュースに、詳しく調査を行う時間は皆無だった。ドイツにいる私の弁護士、アルブレヒト・ゲーリングに電話をかけた。ゲーリングもすでにそのニュースを聞いており、私に対しすぐさまドイツへと戻るように勧めた。ヨーロッパとアメリカにいる友人たちもまた、速やかにトルコを出国するように勧めていた。

中国共産党から有利な取引を持ちかけられれば、トルコは私を中国に強制送還する可能性があるという、彼らの深刻な懸念が伝わってきた。私はそこまでの心配は不要だと思っていたが、それでもドイツへの帰国を決断した。最も早い飛行機を予約し、十二月十六日にトルコを出発した。

「テロリスト」への反論

イスタンブールから戻った後、世界ウイグル青年会議のリーダーたちと中国の主張について話し合い、それに対する回答を出すことを決めた。十二月二十日に以下のような回答を出した。
中国公安部による「テロリスト」という告発に対する反論
ドルクン・エイサ　二〇〇三年十二月二十日　ミュンヘンにて

二〇〇三年十二月十五日、中国公安部は四つのウイグル団体と私を含む十一人の個人を「テロリスト」と告発した。この告発はまったくの虚偽である。

数年にわたり、中国当局はウイグル人全体に「分離主義」「原理主義」「過激主義」のレッテルを貼り、9・11テロ事件後は対テロ戦争を利用してウイグル人の平和的抵抗を「テロリズム」と呼び、政治的抑圧を強化した。中国はこれを通じて無実のウイグル人を投獄、拷問、処刑してきた。

国際社会はこれを批判してきたが、中国は懸念を無視し、対テロ戦争を利用する策略を推進している。これはウイグル人の声を封じるためで、昨年の東トルキスタンイスラム運動の「テロリスト」団体指定を通じて、他のウイグル団体や個人を弱体化、破壊する一環である。

以下は、私と世界ウイグル青年会議からの反論である。

1・中国の告発文書では、「世界ウイグル青年会議は、国際ウイグル青年同盟、世界ウイグル青年同盟、国際東トルキスタン青年会議としても知られている」という主張がなされている。

しかし、私自身がその創設者・リーダーであるが、他の称名を耳にしたことはない。当団体は「世界ウイグル青年会議」の名のみで活動を続け、他の名は中国当局の捏造《ねつぞう》である。

2・中国の告発文書では、「世界ウイグル青年会議は中国の新疆から外国に逃げたウイグル人と、その子孫によって共同で創設された。これは新疆を中国から分離しようとするテロリスト団体である」と主張している。

だが、これは自由と民族自決を信奉する青年たちによって設立された組織で、民主主義・人権・自由推進が目的である。すべてのテロに反対し、中国政府の人権侵害を暴露する活動を続けている。

3・中国の告発文書では、世界ウイグル青年会議の主な「テロ活動」と称する行為を次のように列挙している。

①「世界ウイグル青年会議の主要指導者やその所属団体はテロ活動を積極的に推進してきた。世界ウイグル青年会議の元議長であるドルクン・エイサは新疆で犯罪組織を組織し、窃盗や強盗、爆発事件を引き起こした。また、テロ活動において積極的な役割を果たした」

しかし、これは具体的な証拠を伴わない非難であり、事実と異なる。私が新疆大学時代に行ったのは、文字教育活動と不平等や人種差別に対する平和的抗議だった。一九八七年、新疆大学で科学文化学生同盟を設立し、文字教育を目的に何千人もの学生を動員した。

一九八八年五月、差別的な冊子の配布に対し、公開裁判を求めたが、応じられなかった。故《ゆえ》に、教育制度の不平等と人種差別の解消を要求し、五千人の学生で抗議デモを行った。

当局はこれを「六月十五日暴動」として、私を含む学生リーダーを「民族分離主義者」と非難した。だが私はこれを否定し続け、その後、学校から追放された。中国の告発はこれを「テロ」と歪曲《わいきょく》するが、真実を覆《おお》い隠すことはできない。その証拠として、私が追放された際の通知は今も私の手元にある。
②中国の告発は、「東トルキスタン解放組織の現副会長であるドルクン・エイサが、国外にいる他のテロ組織と連携し、その指導者であるムハンマド・イミン・ハズラトを支援し、暴力的なテロ活動に関与している。彼はまた、その組織のドイツ支部の活動を監督している。世界ウイグル青年会議の第一議長、オマル・カナットと、東トルキスタン国民自由センターの議長であるアニワル・ユスフは、東トルキスタン解放組織のアメリカ支部の責任を負っている」と述べている。
しかし、私がその組織の副会長とされたのは初めてで、私が知るムハンマド・イミン・ハズラトは著名なウイグル初の脚本作家で、商売と執筆で生計を立てている。現在、中国当局は私を未知の組織の副会長と疑い、私をテロリストとして描き出そうとしている。

③中国の告発文書では、「東トルキスタン青年同盟（一九九三年三月にトルコのイスタンブールで立ち上げ、後にスイスへと移転、世界ウイグル青年会議の一部となった）は、その憲章で『中国の政権を転覆させ、新疆の独立を目指す強力な地下勢力の展開』を公然と主張している。世界ウイグル青年会議が創設以来、新疆ウイグル自治区の党と政府、軍の指導者を暗殺し、鉄道や橋を破壊し、テロリストによる爆発を引き起こし、海外の中国機関を攻撃し、中国とインド、またタジキスタンとアフガニスタンの国境地域で武装集団による暴動を引き起こすための行動計画を策定している」との主張が記されている。

しかし、この団体の名は二〇〇三年に初めて出てきたものであり、中国政府は法と調査機関が存在するヨーロッパを無視している。実際、世界ウイグル青年会議は公に活動を行っており、関連団体としてベルギー、英国、カザフスタンのウイグル青年団体が存在するが、これ以外に提携団体は存在しない。中国政府は、非実在のテロリスト団体を創造し、世界ウイグル青年会議に烙印《らくいん》を押そうとしている。

④中国政府は、図々《ずうずう》しくも「一九九三年に世界ウイグル青年会議が新疆で二回の爆発を指導し、実行した。一回目はカシュガル農業機械会社の事務所の建物で、二回目はヤルカンドのビデオラウンジで爆発が起こり、二人が死亡し、二十二人が負傷した」と主張した。

これは、一九九六年に設立されたこの組織が一九九三年の事件に関与不可能であるという基本的事実を無視したものであり、明らかに誤りである。

4・中国政府は世界ウイグル青年会議の会員と資金源について以下のように述べている。「世界ウイグル青年会議の主要な資金源と会員は以下の通り。世界ウイグル青年会議は窃盗や強盗、その他の犯罪により資金を得ている。団体はまた、他の国際的なテロ組織から財政支援を受けている。新会員は大半が中国国外に居住するウイグル人の若者である」

この団体の資金は、ドイツに住むウイグル人からの寄付や会費によって集められ、すべて合法的に運用されている。また、その会員は中国国内には一人もいないが、中国のウイグル人青年の多くは私たちを彼らの代弁者と認識している。

5・中国は、私たちが国際的なテロ組織と何らかの繋がりを持つと疑い、以下の告発を展開している。

①「世界ウイグル青年会議は他のテロ組織と緊密に連携している。その一部である東トルキスタン青年同盟は、暴力を標榜《ひょうぼう》する西アジアの組織と深く結びついている。同団体はこの組織に対し、武器や爆発物の購入を援助するように何度も求めている」

しかし、これは意味のない主張で、中国は実在しない「東トルキスタン青年同盟」を作り上げてテロ組織との繋がりを強調した。
②「世界ウイグル青年会議はまた、他の『東トルキスタン』テロ組織と協力関係にある。第三回世界ウイグル青年会議を開催した際、東トルキスタン解放組織の支援を受けていた。東トルキスタン解放組織のリーダー、ムハンマド・イミン・ハズラトは常にドルクン・エイサを後援している」

エストニアで開催された第三回世界ウイグル青年会議のスポンサーは「代表なき国家民族機構」（UNPO）のエストニア事務所であり、エストニアの国会議員やタリン市長、中国の民主化運動の指導者も会議に参加し、スピーチを行った。エストニアのメディアも会議の全過程を追った。会期中、エストニアの外相は、「代表なき国家民族機構」のエリキン・アリプテキン事務局長と私を歓迎した。中国の抗議にもかかわらず、エストニアは会議を開催し、真の民主国家としての強さを示した。
③「世界ウイグル青年会議は、『東トルキスタン』のテロリストたちを精力的に支援している。二〇〇二年に、ドルクン・エイサはアフメット・トゥヒトと共に手を組み、カザフスタンのアルマトイにエージェントを派遣し、テロリストであるムハンマド・グプルをアフガニスタンとウズベキスタンの国境地帯にある訓練キャンプへと連行し、その後、彼をドイツへ移送して亡命を図らせた」

しかし、私たちが支援したのはアムネスティ・インターナショナルや人権団体を通じてのウイグル人難民だけである。難民は中国から逃れて国連難民高等弁務官事務所で申請を行い、一部は民主国家に送られた。ムハンマド・グプルに対する中国の告発は捏造で、ドイツに彼というウイグル人がいるという情報は知らない。中国政府が違う意見を持っているなら、ドイツ当局に確認すべきだ。

④「世界ウイグル青年会議と東トルキスタン解放組織、東トルキスタンイスラム運動等のテロ組織との間には、相互支援と深い繋がりが存在する。第一回世界ウイグル青年会議の法律部門長だったアブドゥサラムは、東トルキスタンイスラム運動の副議長の補佐を務めている。世界ウイグル青年会議の中核メンバーは、東トルキスタン解放組織でも重要な地位にある。9・11テロ事件後、東トルキスタンイスラム運動の指導者ハサン・マフスムは、テロ組織である東トルキスタンイスラム運動の悪名を払拭《ふっしょく》するために、ドルクン・エイサ率いる世界ウイグル青年会議に接近しようとした。さらに、世界ウイグル青年会議は他の国際的なテロ組織とも積極的に協力している」

これは中国政府の捏造である。私たちはこの組織と協力したことはなく、その存在を知ったのは二〇〇二年だった。中国政府が東トルキスタンイスラム運動を「テロリスト」としてリストに載せた事実を利用し、私たちと関連付けることで、世界ウイグル青年会議を

「テロリスト」の代表例とするためだ。

6・中国の告発文書では私について次のように述べられている。

①「ドルクン・エイサは高卒であり、長い間、世界ウイグル青年会議というテロ組織の指導者の座についている。現在、彼はレッド・ノーティスの対象である」

しかし、実情は違う。私は新疆大学で四年間学んだ後、学生運動に参加したために追放された。テロ組織に所属したことはなく、合法的な団体である世界ウイグル青年会議の指導者だった。私の活動は中国の人権侵害を告発することに注力していた。しかし、これが中国政府を怒らせ、無根拠な罪状を作り上げ、社会から私を排除しようとしたきっかけになった。ドイツ当局は私の逃亡理由が犯罪ではないことを確認し、中国の「犯罪者」のレッテルは現実にならなかった。しかし、中国は現在、私に「テロリスト」のレッテルを貼る違う方法を模索している。

②「一九九四年、ドルクン・エイサは東トルキスタン学生青年同盟を立ち上げ、その議長に就任し、同時に東トルキスタン青年新聞の編集長を務めた。一九九六年にはドイツへと渡り、欧州東トルキスタン同盟に参加した。……二〇〇二年十一月には議長の座から退き、東トルキスタンウイグル会議の準備委員会副議長となった。新疆で彼は、犯罪者たちや暴

力団と手を組み、不法侵入事件や強盗などの一連の犯罪を引き起こし、新和郡で生じた連続爆破事件を陰から操ったとされる。海外に逃れた彼は、東トルキスタン解放組織によるすべてのテロ活動を組織し、参加した。トルコ・アンカラで一九九五年十二月十四日に開催された、いわゆる十二月十二日新疆学生運動の十周年記念集会で、ドルクン・エイサは『ホータン地区における中国の暴政に対する反乱は私たちが組織した』と主張した」

これらはすべて真実を歪《ゆが》めた誹謗《ひぼう》中傷に過ぎない。上述の報告書の他の部分は確かに正確であるが、「テロ」とは一切関わりのないものだ。私が行っていたのは、ホスト国の法律で保障された自由を行使してのことである。こうした行動が中国にとっては「テロ」と認識される。中国は国際的な対テロ戦争を利用し、政治に対するあらゆる異議を「テロ」としている。だが、この活動は、それぞれの国ではまったく合法的だった。「テロ」という用語の定義をどれほど中国が強引に拡大しようとしているかは、彼らの主張から明白だ。

明らかなことは、中国が平和的な抗議とテロ行為を区別せず、彼らが嫌悪するものすべてを「テロ」と分類し、中国に反感を持つすべての人々を「テロリスト」として分類していることだ。

東トルキスタンウイグル会議の準備委員会は、エリキン・アリプテキンの指導で、ウイグル人など表に出て来ていない人々の権利を守るために設立された。中国政府は、私がテロ活動に関与したと主張し、委員会の副議長を務めていたことを引き合いに出した。中国政府は強力なウイグル人組織の出現を望んでいない。彼らはウイグル人の国際的結束を恐れている。

世界ウイグル青年会議と私は、テロを支持したことはなく、ウイグル人の自由と人権を守るために合法的な活動を行ってきた。我々の行動はすべて、国際法やドイツの法律に基づいて行われている。何も隠すことはない。

もし私たちの活動について質問や関心を持ってくださる国際団体や関係者がいれば、喜んでお答えしたい。世界ウイグル青年会議も同様だと確信している。

最後に、ドイツ、アメリカ、および他のすべての民主主義国と国際団体にお願いしたい。中国の主張を疑ってほしい。中国の主張を徹底的に調査する前に結論を出さないでほしい。ウイグル人の声を封じるために中国政府が行っている中傷キャンペーンに対して、非難をしてほしいのだ。

ウイグル人に対する中国政府の残虐行為を暴いているだけなのに、私たちは中国政府による中傷攻撃を受け続けている。私たちは国連憲章と自国の法律によって保障されている権利を行使しているだけだ。誹謗中傷によって権利が攻撃されている私たちを支援してほしい、そう国際社会へ望む。

第三章

はりめぐらされた罠

人権の首都ジュネーヴで起きたこと

ジュネーヴは人権の首都だ。二〇〇〇年代の西側諸国で、ウイグル人の存在はあまり知られていなかった。そこで、私たちは自らの存在を世界に伝えるため、ジュネーヴの国連で活動を開始することを決めた。資源や特権が乏しく、チベットのダライ・ラマのような象徴的存在も私たちにはなかった。それでもジュネーヴは、中国の圧政に苦しむ声なき同胞たちの物語を語る場となり、私たちは頻繁に足を運ぶようになった。

私たちを支援してくれたのは、チベットの人々だった。チベットの人々が「ウイグル」という言葉で私たちのことを話し始めた時、また、ウイグルについて報道が増えた時、私たちの小さな運動が認知されたと喜ばしいかぎりだった。

もちろん、私たちが主張を行ったのは、二〇〇〇年代に始まったわけではない。著名なウイグル人の指導者、ムハンマド・イミン・ブグラとエイサ・ユスフ・アリプテキンは、一九四九年の中国による東トルキスタンの侵略後、トルコへの移民を余儀なくされ、そこで一九五〇年代に活動を開始した。彼らは生涯を私たちの独立のために捧げたが、その声はトルコの国境を越えることはなかった。世界がウイグル人の苦境に目を向けるという彼らの願いは、果たされなかったのだ。

国連で初めてウイグル人の声を代弁し、運動をヨーロッパに広めたのはエリキン・アリプテキンだった。彼は一九七〇年代末からダライ・ラマが指導するチベット人の団体と協力を始めた。そのころ、ウイグル人の困難な状況はまだ世界には知られておらず、一九九〇年代になってウイグルの若者たちがヨーロッパに来るまで、彼は孤軍奮闘していたのだ。

一九九九年の十一月、ミュンヘンでは東トルキスタン民族会議の第二回総会が開催された。そして、世界ウイグル青年会議と東トルキスタン・ウイグルスタン民族会議という二つの団体が融合し、二〇〇四年に亡命者によるウイグル人運動を一本化する団体、世界ウイグル会議（ＷＵＣ）が設立された。その総裁にはエリキン・アリプテキンが選出され、私は事務局長に選ばれた。

国連人権委員会の会議に出席するため、定期的にジュネーヴへと足を運んだ。そして、チベット人団体と手を組み、国連の建物の前でデモを行った。

しかし、二〇〇五年四月、ジュネーヴの国連前で、意図しない事態が発生した。世界ウイグル会議の十五人のメンバーがジュネーヴに向けてミニバスで移動していた時、目的地である国連人権委員会の会議への参加が突然拒否された。理由は説明されず、単に事務局からの回答を待つよう告げられただけだった。

チベット人団体のメンバーと共に、私たちは四時間にわたりデモを行った。私もスピーチで、ウイグル人とチベット人に対する中国の残忍な行為を明らかにした。ウイグル語とチベット語、英語、中国語でスローガンを叫び、中国政府に対する憤《いきどお》りを表した。このデモを通じて私たちは結束を深め、意識を高めていった。デモは中国政府に対する私たちの闘いの中で重要な活動だった。

デモの後、私たち一行はその日のうちに出発する予定だった。参加したウイグル人の多くは職場から一日しか休暇をもらっていなかったからだ。六百キロもの距離を戻り、時間通りにミュンヘンに帰るためには、早朝の出発が必要だった。

私たちが出発しようとした時、突然二台の車がやってきて、私たちのミニバスを取り囲んだ。それはパトカーではなく、降りてきた人たちも警察の制服を着ていなかった。

「皆さんの身分証を確認します」

身分証の確認自体は慣れたものだ。ドイツの警察はしばしば人々を呼び止め、身分証を確認するからだ。ウイグル人も、頻繁に警察に呼び止められるため、特別な驚きはなかった。私たちは皆、身分証を提示した。しかし、彼らの注意は私一人に集中していた。身分証を確認した後、私は彼らの車に乗るように指示された。

「ドルクンをどこへ連れて行くのですか」

友人が尋ねたが、仕事の邪魔をするな、とだけ返された。私を乗せた車は、警察のサインをつけて走り出した。

拷問に等しい苦痛

私を引き留めたのは、スイスの国家安全保障局だ。彼らはある建物へと私を連れて行き、身体を調べ、持ち物をすべて押収。そして私をそこに取り残し、鍵をかけて立ち去った。不安と悲しみに包まれながらも、疲れが私を襲った。前夜は睡眠をまったくとっておらず、一日中デモに参加しており、食事も摂《と》っていなかった。局員が部屋を出るや否や、私は椅子に座ったまま眠りに落ちた。

おそらく一時間ほど経ったころだろう、ドアが開く音で目が覚めた。部屋に二人の人物が入ってきた。私の頭は重く、憂鬱《ゆううつ》で、青白い顔をしていた。不満が込み上げてくるのを感じたが、それを抑えようと努め、自分にこう言い聞かせた。

ドルクン、落ち着け。彼らはただ命令に従っているだけだ。反抗しても意味がない。中国の刑務所で苦しむウイグル人の若者や、タクラマカン砂漠の大農園、農場で過酷な労働を強《し》いられているウイグル人のことを忘れてはいけない。ここは中国ではない、彼らは私を殴ったり、怒鳴ったりすることはないだろうと。

彼らが戻ってきて、誤解があったと告げ、私を解放してくれることを期待した。私は一九九九年にフランクフルトで経験した事件と似たような状況だと考え、おそらく中国がインターポールに出した逮捕状に関連しているのだろうと推測したのである。

取り調べは四時間にわたった。私がこの世に生を享《う》けた瞬間から今日までの人生について、詳細に聞かれた。そして、指紋を採取され、壁に向かって写真を撮られた。犯罪者を拘束する前に必要なすべての手続きが行われた。

取り調べの途中、口論に発展した。

「なぜ私を拘束するのですか？　中国の指示に従っているのですか？」

局員たちは答えなかった。

「あなたは中国人ですか？」

「いいえ、私はウイグル人です」

「あなたの旅行書類には、あなたが中国出身であると書かれています」

「中国に住んでいるのは中国人だけではありません。チベット人をご存知でしょう。私たちはチベット人のように、占領された民族なのです。中国には中国人以外に五十五の民族が存在します」

私はウイグル人や東トルキスタンの現状を説明した。局員たちはそんな話は初めて聞いたという顔で私を見ていた。

監禁されている間、被抑圧民族協会や代表なき国家民族機構、そして他の国際的な団体がすぐに「人権に関する会議で人権が侵害されている」と題した声明を発表し、私の監禁についてスイス政府を非難した。インタビューの申し込みがジャーナリストから舞い込むようになり、中には警察と接触したジャーナリストもいた。それによって、取り調べを担当していた局員たちは不安になっていった。

私の弁護士であるアルブレヒト・ゲーリングが彼らに連絡を取り、私が無実であることを伝えた。そして、私の釈放を拒むなら法的措置をとると脅《おど》した。

約一時間後、彼らは取り調べの記録を持ってきて、それに署名するよう求めた。取り調べは英語で行われていたにもかかわらず、記録はフランス語で書かれていた。

「フランス語はわかりません。わからないものに署名できません」

「私たちを信用できないのですか」

「あなたたちは私を信用しましたか？　そちらが信用していないのに、私が信用するとでも？」

「どうしたいのですか」

「これを英語に翻訳してください。それを読み、すべて理解できたら署名します」

「それでは、通訳者を探します。それまで、ここにいてください。通訳者が見つかるのは、明日になるかもしれませんが」

私の怒りは頂点に達していた。眠れず、疲れ果てており、この苦痛はまさしく拷問に等しかった。通訳者が見つかるのを待つ暇などない。一刻も早くここから出て、外で待つ二十名ほどの人たちに会いたかった。彼らは私を見捨てて去るわけにはいかないのだ。「何が何でも署名し、この場所を脱出する必要がある」と自分に言い聞かせ、記録に署名した。ついに、私は釈放された。しかし、この経験はそう簡単に忘れられるものではなかった。これから先、同じような事件が繰り返されないように対策を講じる必要があった。特に、ジュネーヴでの活動を続けると決心した以上は。さらに、自身の権利が侵害されたこと、そしてその侵害が人権の本拠地であり、言論の自由の旗手たるジュネーヴで公然と行われた事実が、許し難いと感じていた。

エリキン・アリプテキンは、スイス政府に疑問を投げかけ、ベルリンのスイス大使に手紙を送った。彼は世界ウイグル会議がドイツで合法的に認められている点と、スイス政府が中国の誤った主張を信じることとの問題を指摘し、スイス政府に対する説明を求めた。

二週間後、スイス大使館から返信があり、問題は連邦外務省に伝え、対応を検討するとの内容だった。さらに二カ月後、外務省からの手紙が届いた。

「誤解をお詫び申し上げます。ジュネーヴはすべての人権が尊重される街です。ドルクン・エイサ氏の訪問は歓迎します」

私はジュネーヴに行く際には常にこの手紙を携《たずさ》えていた。それはスイス警察のあらゆる妨害から私を保護し、私を守るための証文となった。当時、私はドイツ市民ではなく、難民の旅行書類を使用しており、スイスが中国と秘密裏に犯罪者引渡し協定を結ぶ可能性を認識していた。しかし幸いなことに、そのような事態は起こらず、毎年スイスを訪れ、国連会議に参加した。その後、私は再び問題に遭遇することはなかったが、他の民主主義国家では同様の事件に何度も遭遇したのだ。

ドイツの市民権を申請

私の母国、東トルキスタンがいつ解放されるか、それを断言することは困難だ。だが、いつの日か、中国の占領から解き放たれるという確信は揺るがない。中央アジアの国々がその証《あかし》であるように、何か、まるで奇跡が起こるような希望をひたすら抱き続けている。

一九四九年、中国共産党の軍隊が東トルキスタンを侵略して以来、私たちの同胞は数知れぬ蜂起《ほうき》や抵抗運動を続け、重い代償を払い続けてきた。創造主であるアラーは、圧政に苦しむウイグル人の悲痛や、犠牲者の血を無意味にすることはないと信じている。

その信念があったからこそ、私はミュンヘンで十年もの時間を過ごしながら、ドイツの市民権を求めることは一度もなかった。解放された故国へ「同じアイデンティティで帰るんだ」と、いつも考えていた。フランクフルトとジュネーヴで事件に遭遇した時も。

私は活動家として、そして世界ウイグル会議の事務局長として、世界各地の会議やイベントへと招かれることとなった。ヨーロッパでは、難民の旅行書類で移動することに何の問題もなかったが、それが故《ゆえ》にビザが必要だったり、身の安全に対する不安があったりしたため、ヨーロッパ以外の国で開催される会議に出席することは難しかった。

ジュネーヴでの事件をきっかけに、私はドイツの市民権を申請することを決心した。条件がすべて揃えば、通常は半年から一年でドイツの市民権は認定されるものだが、私にはなぜか二年間も返事が届かなかった。二〇〇四年十二月に発行された「デア・シュピーゲル」には、以下のような話が掲載されていた。

「セキュリティ当局は現在、ベルリンと北京の良好な関係から恩恵を受けている。連邦刑事庁のテロ専門家二名が数日以内に中国の新疆《しんきょう》ウイグル自治区に向かう予定だ。この専門家たちは、東トルキスタンの独立のために戦い、テロリストとされているウイグル人に対する公安部の資料を精査するつもりだ。その背景には、北京の当局がウイグル人の四つの団体をテロ組織として公表した事情がある。

この組織が『新疆や中国の他の地域、さらに他の国々で暴力的な活動を行い、中国を分裂させようとしている』という主張からだ。疑念を持たれている二つの団体、世界ウイグル青年会議と東トルキスタン情報センターは、その本部をドイツに置いている。世界ウイグル会議は四月中旬にミュンヘンで設立された。北京当局はドイツ政府に対して、この活動を禁止し、その指導者を逮捕するよう繰り返し要請している」

「デア・シュピーゲル」は何が起きたかという具体的な事象を伝えることはなかった。しかし、私に対する主張を検証するため、ドイツの情報要員がウルムチへと赴《おもむ》いた事実を私は理解した。これは私の無実と、中国共産党による不当な迫害、そして中国共産党の虚偽の証明に対して結論が下される兆《きざ》しだと感じた。私にとってドイツの市民権を得るにあたり、問題となる要素は一切存在しないはずだった。しかし、私に返事は届かなかった。

中国政府からの圧力

二年後の二〇〇六年、ドイツの情報機関から私は呼び出された。中国政府が私の市民権申請を把握し、それを阻止すべくドイツ政府へ圧力をかけていたとのことだった。

「ドルクン・エイサはテロリストだ。彼の市民権申請を認めてはならない。ドイツはテロに対するダブルスタンダードを採るべきではない。エイサに市民権を与えることに対して私たちは抗議する」

三、四カ月おきに同様の要求が繰り返され、ドイツ政府は深く困惑した。中国政府から要求が送られてくるたびに、連邦内務省がその要求を受け取り、連邦情報局へと転送する。情報局は調査を行わねばならない。このルーチンは中国からの要求がくるたびに何度も繰り返された。情報局の面々は疲れ果てていた。

「中国人はなぜあなたを放っておかないのでしょうか。中国政府が主張したことについて、私たちは何も見つけることができなかった」

そして三、四カ月すると、再び同様の要求が中国から届く。繰り返し調査し、新たな報告を送り続ける。この狂気じみた行為をドイツ人は理解できなかったが、それが職務として課せられていた。このため、市民権取得は二〇〇六年まで遅延したのだった。

二〇〇六年六月、ついにドイツの市民権を獲得。これにより、アメリカへの移動にビザは必要なくなった。そして、私は「自由アジア」という会議に参加するため、二〇〇六年九月十九日にワシントンD・Cへと向かう飛行機に乗り込んだ。九時間の飛行の末、ワシントンD・Cのダレス国際空港に足を踏み入れたが、予期せぬ屈辱が私を待ち受けていた。

強制送還：ワシントンD・C

パスポート提示の際、私は呼び止められ別の出口へと誘導されたのだ。私の自尊心は深く傷つけられ、非常に恥ずかしい思いをさせられた。なんの説明もなく、四時間待たされた。友人たちは私を待ち焦がれていただろう。

初めてのアメリカ訪問、そして何年ぶりかの友人たちとの再会が待ち遠しかった。しかし、電話がつながらず、友人たちに遅れていることを伝えられなかった。心配になり、職員に電話を貸してもらえるか頼んだ。しかし、彼らは怒って拒否した。座って待て、と。

およそ五時間待った後、局長が私に質問を始めた。

「私はアメリカ移民帰化局の職員であり、アメリカの移民国籍法の施行に関連して、法律に基づき、あなたから宣誓を取り、証言を聞く権限を有しています。今日の入国申請に関しまして、あなたに宣誓陳述を行っていただきたいのです」

尋問のようなやりとりが長く続いた。

「申し訳ありませんが、あなたをアメリカに入国させることはできません。あなたの国の大使館と話すことを希望しますか？」

局員の最後の一言は私を動揺させた。ウイグル大使館のことだろうか、ドイツ大使館のことだろうか、それとも中国大使館のことだろうか。ドイツの市民権は、僅《わず》か三カ月前に取得したばかりだ。難民としての私の身分証に記されている国籍は中国で、自分自身もその現実にすでに慣れていた。旅を続けて十年以上、それが私の現実だった。

「どの大使館のことを指していますか？」

「ドイツ大使館です」

「もしアメリカに入国できないのであれば、ドイツ大使館と話すことを望みます」

私はドイツ大使館に連絡した。夜九時を過ぎていたが、職員が出てくれ、私の状況を説明し、アメリカ入国拒否の理由がわからないことを伝えた。職員は私の旅券番号と状況をメモして、対応すると約束した。

その後、ドイツ大使館が外務省と米国国務省に連絡したことを知った。友人たちが私を心配し、議会や国務省へ連絡を試みた。しかし、私がドイツへ送還されることは防げなかった。国務省のブラックリストには、「レッド・ノーティスに掲載されたテロリスト」という中国政府の通知が含まれていたのだ。

ドイツの市民権も、この状況を救うことはできなかった。局員が二人やって来て、私にベルトを外すよう命じ、靴紐《くつひも》を外し、ポケットの中身まですべて取り上げた。その後、彼らは私を暗い部屋に閉じ込め、鍵をかけて去った。それは非常に無礼な扱いだった。

天井から赤い小さな電灯がぶら下がっていた。部屋は薄暗く、読書をすることはできなかった。トイレはあったが、寝る場所はなく、鉄製の椅子だけが部屋の中にあった。

局員に大使館と連絡を取りたいと頼んだが、拒否された。監禁室内では、どうすることもできず、時計は没収されて時間もわからない状態だった。これが、私がかつて憧れ、大きな希望を抱いていたアメリカなのだろうか。

中国による誤導にアメリカが引っかかっているとしたら、世界の未来はどうなるのだろう。疑問が頭を巡り続けた。三カ月前、「全米民主主義基金」（NED）は私をプロジェクトの主任に任命した。局員にその書類を見せたが、説得はできなかった。

不当な処置と侮辱

中国政府への憤りが心を支配した。これがレッド・ノーティスと関連があり、それが中国共産党の罪であることは明白だった。世界が中国の邪悪な行為を認識しないことに対する怒りも湧き上がった。

中国共産党は、相手を排除する際、人々を傷つけ、事実をねじ曲げ、名誉を毀損《きそん》し、虚偽を創り出す。そして、その人々に一時の安息を与えることすらない。だが、中国政府の不当な処置と侮辱に対しては、毅然と立ち上がるしかなかった。

鉄のドアが開く不快な音で目を覚ました。鬱陶《うっとう》しそうな顔をした局員が入ってきた。

「朝食はどうする？」

空腹感はもはや否応なく体を支配していた。二十時間以上も何も口にしていなかった。

私はイスラム教徒で豚肉は食べないと伝えたら、一層テロリストと疑われるだろうか。

「私はベジタリアンなんです」

局員はジュースとパンと野菜を持ってきた。しかし、野菜の上にはベーコンの薄切りが乗っていた。空腹を満たすという期待は打ち砕かれ、ジュースだけを飲むことになった。

勾留《こうりゅう》されてから二十時間以上が過ぎた。絶望感が増すばかりだった。

ドアを叩き、私は叫んだ。

「なぜ、このまま送還しないのですか！　何を待っているのですか！」

警備員が怒り気味に声を上げた。

「静かにしろ。待つんだ！」

バイエルンの警察官は気難しいと言われているが、ワシントンD・Cの警察官のほうがさらにそうだと言える。彼らからは、一片《いっぺん》の同情も感じることはできなかった。アメリカでの経験は、失望しかなかった。

警察官はやっと、私を飛行機の出発ロビーに連れ出した。まるで一人の罪人が引き立てられていくような気配が、集まる視線から感じ取れた。私の身に纏《まと》っていたのは、Tシャツとズボンだけ。ベルトも靴紐もなかった。警察官たちは、まるで私が犯罪者であるかのごとく私を取り囲んでいた。自尊心は損なわれた。乗客が全員飛行機に乗り込むのを待ち、私は最後尾の座席に連れていかれた。

「ここに悪党がいる」とでも告げられているかのように乗客の間を進まされた。一人ひとりが私を見つめ、その視線は私を傷つけ、恥じ入らせた。警察官たちはパスポートを返さなかった。乗務員に託され、フランクフルトで私に返されるという。私の所有物はすべて没収され、積荷に預けられていた。

九時間の航行を経てフランクフルトに着いた。パスポートは無事に手元に戻ったものの、ミュンヘン行きの飛行機をさらに二時間待たねばならなかった。かばんがないので、コーヒーも買えず、待つ時間は長く感じられた。

その日のフランクフルトは、最悪の天気だった。私以外にTシャツを着ている人は誰もいない。周囲の視線が私を突き刺しているような気がして落ち着かなかった。

飛行機がミュンヘンに到着するとすぐ、空港の放送が私の名前を呼び、出口に向かうよう言った。そこで待ち構えていたのは二人の警察官だった。警察署へと連行され、送還の理由を問われた。彼らは私のパスポートを確認し、署長を呼んできた。

「あなたのパスポートには問題なし。あなたはドイツ国民だ。自由に行動して良い」という言葉に、ワシントンD・Cでのあの経験が脳裏に浮かんだ。警察官の同情的な態度は、あまりにも対照的だった。荷物を受け取りに行ったが、まだ到着していなかった。

「あなたのかばんは、まだフランクフルトにあります。二時間後に来ます」

Tシャツ一枚の姿で帰宅するのは避けたかったため、待つことにした。だが、待ち続けても荷物は現れず、あきらめた私は荷物の後送をスタッフに頼み、空港を後にした。

「何があったの、ドルクン」

早朝。地下鉄の切符を買う金すら持っていなかったため、無賃乗車を余儀なくされた。外は霧雨《きりさめ》が降り注ぎ、周囲の人々は厚いコートを着込んでいた。私の姿を見た人々は、狂人を見るような眼差しを向けてきた。だが、それを気に留める余裕すら私にはなかった。

幻覚が見えた。体は空腹と寒さで弱り、アメリカでの経験で精神は混乱し、すっかり疲労困憊《こんぱい》だった。出勤途中の近所の人と出会い、その人は私の消沈した様子を見て声をかけてきた。

「どうしたんだい、ドルクン？」

「何でもないよ。ジョギングをしていたんだ」

「うーん。でも、随分と薄着だね。すごく寒いのに……」

幸運にも、私は妻が出勤する前に自宅にたどり着くことができた。だが鍵はまだ届かないかばんの中にあり、携帯電話の電池はとっくに切れていた。インターフォンを押すと、ドアが開いた。妻は大きく目を見開き、後ずさった。

彼女が二日前に見たのは、スーツをきっちりと着こなし、アメリカへ出発する私だった。

しかし、今の私は物乞いに見えるだろう。

「何があったの、ドルクン？」

「何でもないよ。何か食べたい」

一九九九年にはアメリカ領事館が私のビザ申請を却下、二〇〇六年には入国を拒否。これは私がアメリカにとって重要なケースとされていたことを示していた。私がアメリカのブラックリストに載っていた間、友人たちは努力を重ね、名前を削除するよう働きかけた。しかし、ブラックリストから削除するのは難しく、一部門で名前が消えたとしても、他部門で自動的に削除されるわけではない。私の名前を国務省や国土安全保障省等から削除するには時間と労力が必要だった。

当時の国会議員トム・ラントス氏やフランク・ウォルフ氏、全米民主主義基金のカール・ガーシュマン会長とルイーザ・グリーヴ副会長、そして友人たちは、ブラックリストから私の名を削除する努力をしてくれた。そして最終的には、ヌリ・トゥルケルが代理人となり、この問題の解決に向けて行動を起こしてくれた。何百ページもの書類を提出し、彼は国務省や国家セキュリティ機関の高官に幾度も面会を重ねたのだ。

二〇一二年十一月六日、トゥルケルからの電話があり、良い知らせが近いとのことだった。翌日、ミュンヘンのアメリカ領事館から呼び出され、パスポートに十年間有効なビザが押印された。それはオバマ大統領の二期目の翌日の出来事だった。

アメリカの友人たちにこのニュースを伝え、旅行の準備を始めた。彼らと一緒に東トルキスタンの日を祝う予定だった。そして、十一月九日にワシントンD・Cに旅立った。空港では特別な出口へ案内されたが、税関の職員は親切だった。私は通行を許され、オマル・カナットやヌリ・トゥルケル、アブドゥルハキム・イドリス、ルシェン・アッバス、その他の仲間たちが空港で出迎えてくれた。

翌日、ウイグルアメリカ連合の年次選挙でアリム・セイトフが再選。その次の日には、東トルキスタン共和国の記念式典が開催された。友人たちと再会し、新疆大学の学友たち、国会議員、アメリカ政府高官とも交流した。長い失望の期間を経て、ついにアメリカは私を歓迎した。

第四章

閉ざされた門

トルコからの強制送還

二〇〇三年十二月十五日、中国政府は私を「テロリスト」と発表した。次の二年間、ミュンヘンのトルコ領事館は私のビザをことごとく拒否した。

「あなたの問題は難しい。中国領事館からの圧力があり、アンカラの承認が必要です」

二〇〇六年にドイツの市民権を得ると、家族とトルコで休暇が可能になった。ドイツのパスポートがあれば、トルコのビザは不要だ。二〇〇七年と二〇〇八年は安心してトルコを訪れることができた。ただ、それも二〇〇八年八月までだった。その時、世界ウイグル会議はデモを組織し、北京オリンピックのボイコットを呼びかけた。

中国政府はウイグル活動家の新たなブラックリストを作成し、「彼らは分離主義者で、混乱を引き起こそうとしている」と主張した。中国は対策を求め、このリストを国営新聞グローバル・タイムズに掲載した。私の名前もリストに含まれていた。

予定では友人と休暇を楽しむはずだったが、それが現実とは違うことに気づいたのは、二〇〇八年八月二十二日、トルコのアンタルヤ空港に着いた時だった。

「あなたはトルコへの入国を禁止されています」

入国審査官がそう言った。

「理由は何ですか」

「わかりません。トルコの内務省があなたの入国を禁じる決定を下したのです」

「いつからですか」

「二〇〇六年からです」

「それはおかしい。二〇〇六年と二〇〇七年、そして今年の二月にもこのパスポートでトルコに入国しています。スタンプを見てください」

「誤解があったようです。二〇〇六年以降、入国することはできなくなっています」

「三回も四回も誤解が……？　誤解があるとすれば、それは今、ここにあるんです」

口論でも状況は変わらず、警察は私をアンタルヤ空港の収容施設に入れ、翌日ドイツへ送還すると告げた。友人たちは問題解決を試みたが、二十五時間後、私はドイツに強制送還された。

ドイツ帰国後、トルコ外務省やベルリンのトルコ大使館、欧州連合事務総長室へ手紙を送った。トルコを愛し、母国のように思う私がなぜトルコへの入国を拒まれるのか。だが、返答はなかった。

二〇〇八年十二月、ベルリンで会議に参加し、トルコ大使アリ・アフメット・アジェットと会見した。彼は私のトルコ入国禁止の事情を初めて聞き、問題解決を約束した。その後、大使とは定期的に連絡を取ったが、徐々に連絡が途絶えた。私の存在は忘れ去られたようだった。

解かれない入国禁止

二〇一一年五月、ベルリンで開催された会議で、トルコの元外相ヤサル・ヤキス氏と出会い、トルコ入国禁止の問題を話した。ヤキス氏もこの問題を個別に処理すると約束したが、最終的に彼も姿を消した――。

トルコの友人たちは、地元の高官に私の問題を持ち込んでくれた。しかし、初めは一生懸命に行動してくれたものの、時間が経つにつれてほとんどの人がいなくなった。

中国政府が入国禁止に関わっていることは理解していたが、トルコ政府が使う口実と、禁止期間がどれほど続くかの情報はほしかった。弁護士からの助言は、一般的にこのような禁止は五年の効力があるため、五年が過ぎたら再度トルコ行きを試すとよい、だった。

そこで二〇一四年七月、東京へ行く際、往復ともにイスタンブールを経由するトルコ航空のチケットを購入した。復路、イスタンブールで五時間の待ち時間があるので、自分の入国禁止が解かれているかどうか試すため、入国審査場に行った。入国審査官は静かにパスポートを受け取った。だが、その顔色が突如変わり、他の身分証の有無を問われた。「いいいえ」と首を振ると、私は事務室へと連れて行かれ、待つように告げられた。

　四十分ほど経過したころ、警察官が姿を現した。

「トルコへの入国は禁じられている」

「なぜ？　いつからですか」

「二〇〇六年からだ。あなたは一度強制送還されている」

「それは事実です。しかし五年経てば入国禁止は解かれると聞いたのですが」

「誰がそんなことを言った。あなたの入国禁止には時間枠はない、無期限だ。大臣や議員と面識があるなら、そのことを彼らに話すべきだ。三時間後に東京行きの飛行機が出る。戻ってもらうように手配した」

　私は呆然とした。東京から十一時間の飛行機に乗って、ここに到着したばかりだ。もし東京へ戻るなら、ドイツへ戻るまでにさらに十一時間飛行機に乗ることになる。考えうる最悪の結果だった。

「東京へ行く必要はないでしょう。ミュンヘンへの途中です、ここはただの乗り継ぎなんです。チケットを見てください！」

「それなら、なぜここにいる。乗り換える人間は二階に上がるべきだ。ここは入国審査場だ」

警察官は怒りを露《あら》わにした。

「わからなかったんです。人々の流れについてきただけです」

「ともかく、あなたは来た場所に戻るべきだ。それが規則だ。もう手配してある」

「所長を呼んでください。所長と話す権利がある！」

私が激昂《げっこう》して叫び続けていると、別の警察官が入ってきて聞いた。

「何を騒いでいる、落ち着け。何か問題があるのか」

自分はドイツ市民であり、東京からミュンヘンへ向かう途中だと説明した。乗り換える場所へ向かおうとして、間違えて入国審査に来てしまったと告げ、飛行機のチケットを見せた。

「普通なら、来た所に戻らなければならない。だが、本国へ戻るということなら、変更できるかもしれない。待ちなさい」

警察官はそう言って事務室から去った。

東京への飛行機の出発が間近にせまっていたが、連絡はなかった。不安が募る。東京へと送還されるのではないだろうか。しかし、一時間経ったころ、警察官が事務室へと戻ってきたのだ。

「あなたの問題はすでに解決している。ミュンヘン行きの飛行機に乗れるが、出発時刻まではこの事務室を出ることはできない。出発まであと二時間。三十分前に、私どもが飛行機まで案内しよう。それまで、パスポートは預かる」

一時の安堵感《あんどかん》に包まれたものの、私は慎重になっていた。何が起こるか予想できない状況だったからだ。時間はゆっくりと流れ、待ち時間の二時間が永遠に感じられた。ついに警察官と航空会社の職員が現れ、ゲートまで同行してくれ、パスポートも返された。無事、ミュンヘンへと帰還したのだった。

私は心の中で、二度とこんなチャレンジはしないと固く決意した。入国禁止を解くために、他の道を模索し続けることとした。

期待外れのトルコ

二〇一五年一月、ベルリンで当時トルコの首相だったアフメット・ダウトオール氏に、ウイグル人に関する八つの要請リストを手渡した。そこで私自身の入国禁止についての話をする機会が得られた。首相は援助を約束してくれたが、それは形だけのものに終わった。

二〇一八年二月十六日、ミュンヘン安全保障会議が開催された際、トルコのビナリ・ユルドゥルム首相とスュレイマン・ソイル内相に、短い時間ながら面会できた。トルコに居住するウイグル人の要請についての報告書を彼らに渡し、ウイグル人に対して責任を持つべきだと述べた。トルコで私自身が入国禁止になっている事態についての文書も彼らに手渡したが、返答はなかった。

要約すると、誰もこの問題を解決できず、解決する意志を持つ者もいないようだった。トルコは二〇〇八年八月二十三日に私の前で門を閉ざし、それから十年経っても解決の糸口は見つからないのだ。

とはいえ、なぜこのような事態になったのかは謎だ。トルコの指導者たちはこの問題について答えを出していない。おそらく、「トルコが中国を恐れている」という事実を認めたくなかったのだろう。

ウイグル人はトルコを第二の故郷と見ており、トルコ人と共通のルーツと文化を持つ。トルコはウイグル人難民を多く受け入れ、彼らに避難場所を提供した。しかし、ウイグル人たちはトルコからさらに多くを期待していた。

二〇〇九年七月五日のウルムチ大虐殺（東トルキスタンのウルムチ市でウイグル人大学生らを中心とした平和的なデモ行進があったが、中国の武装警察や軍が直《ただ》ちに学生らに発砲し、抗議デモを鎮圧。数千人ものデモ参加者が銃殺され、無差別に拘束された数万人もの人々が行方不明となった）後、エルドアン大統領は中国政府を批判し、事件をジェノサイドと表現した。その言葉により、ウイグル人たちはトルコに大いなる希望を見た。

しかし、選挙後、トルコのウイグル問題に対する姿勢は一変した。

ウイグル人は中央アジアのカザフスタン人やキルギスタン人などと共に生きるが、この国々からはトルコほどの援助や支援を期待していない。その国々がトルコほどの力を有していないからだ。しかし、中国という恐怖の源《みなもと》に対して、この国々もまた恐怖を感じている。この国々は、中国へウイグル人難民を引き渡すことでその恐怖から逃れている。

2009年7月7日、ウルムチで抗議の声を上げるウイグルの女性たち　(時事)

こうした理由から、トルコはウイグル人にとって最も重要で安全な国とされている。しかし、トルコはウイグル人を守るという期待に応えていない。自分たちの期待が過大だったことを認める時が来たのかもしれない。

台湾に対する中国の牙

二〇〇六年の十月二十七日から二十九日にかけて、私は台湾で開催された代表なき国家民族機構の第八回総会に出席した。ウイグル人も台湾人と共に、代表なき国家民族機構を一九九一年に創設した一員だ。エリキン・アリプテキンが重要な役割を果たし、私も二〇一七年から二〇二二年まで副会長として参加。

第八回総会は台湾民主基金会が主催し、台湾外務省が歓迎会を催した。すべてがスムーズに進行し、会議は成功に終わった。

私はこれが初めての台湾訪問だった。事務局長だった私は、理事長のアリム・セイトフとともに、メディアの取材や東トルキスタンの状況報告に対応し、清雲科技大学中亜研究所での講演も行った。

当時、清雲科技大学中亜研究所の客員教授だったエリキン・アキラム博士とは会う機会もあり、台湾と中国の違いを語り合った。台湾の民主主義、自由、尊厳、平和は中国本土では見られない風景で、「これらは中国人にも適したものだ」と感じ、その印象をラジオ・フリー・アジアの記者にも語った。

しかし、二〇〇九年七月、突如、台湾の記者から電話がかかってくるようになった。

「あなたは現在、台湾にいますか？　取材させていただけますか？」

「二〇〇六年には一度台湾を訪れたことはありますが、その後は行っておりません。なんの取材ですか？」

「台湾のメディアでは、テロリストのドルクン・エイサが十四人の仲間と共に台湾に入り、テロ活動を企《くわだ》てているという噂が広まっているからです」

そう彼らは答えた。

ショックだった。どうして、私に関するそのような報道が広がったのか、その理由が理解できなかった。二〇〇六年の台湾訪問時、その地を統治していたのは、台湾独立を支持する民主進歩党の陳水扁《ちんすいへん》氏だった。しかし、二〇〇八年、国民党が選挙で勝利し、馬英九《ばえいきゅう》氏の統治が始まると、私についての不吉な噂が台湾のメディアを席巻《せっけん》した。

記者たちに対して、自分がドイツにいて台湾を訪れていないこと、そして自分はテロリストではなく、台湾で犯罪行為を行う意図が一切ないと強調した。さらに、私の行為として報じられている暴力行為は、他の誰かが異国の地で実行したものであると述べた。それ以降、私に関する報道は台湾で増加し、私が台湾を訪れたいと願っているが、台湾政府がそれを許さないという記事まで現れた。

二〇〇九年九月、世界ウイグル会議のラビア・カーディル総裁（当時）の人生を描いた映画『愛の10の条件』が台湾で広まった。彼女は映画の成功に伴って台湾に招待されたが、台湾政府は彼女にビザを発行することを拒んだ。その事実が台湾のメディアで取り上げられ、ウイグル人が台湾を訪れることや、ウイグル問題が国全体の注目を浴びるようになった。

この出来事は国際的なメディアの目を引き、ウイグル人、特に世界ウイグル会議のスタッフを台湾に入国させるかどうかについて台湾の議会や政府機関で議論されることとなった。

当時の報道によると、議会での討論は緊張感溢《あふ》れるものだったそうだ。民主進歩党が国民党へ向けて、「ラビア・カーディル氏がなぜ台湾入国を許可されないのか？　二〇〇六年に台湾を訪れていたドルクン・エイサ氏がなぜ台湾入国を許可されないのか？」という質問を投げかけた。

台湾の内政部長は「ドルクン・エイサ氏はレッド・ノーティスに載っている人物だ。ドルクン・エイサ氏が世界ウイグル会議の事務局長を辞任すれば、ラビア・カーディル氏は台湾に入国できるだろう。あるいは、ラビア・カーディル氏が世界ウイグル会議の総裁を辞任すれば、彼女は台湾に入国できるだろう」と回答した。明確な答えだった。

問題は私がレッド・ノーティスに記載されていたことだった。これこそが、ラビア・カーディルと私が台湾から拒まれる口実だったのだ。

こうした事態になった後、台湾開催の会議への招待がたくさん私の元へ届くことになった。そのひとつが二〇一六年二月に開催されたアジア太平洋、宗教の自由に関するフォーラムだ。東トルキスタンにおける中国の宗教迫害を暴露する絶好の機会だと感じ、私は参加を切望していた。しかし、自身の身の安全、数年前に台湾で広がった噂、政権交代後の不安定な政治情勢、そして台湾が中国共産党のスパイの拠点であり、中国が台湾を絶えず脅迫しているという現実を念頭に置く必要があった。

私自身はドイツ市民であり、台湾へ行くためのビザを取得する必要はない。それでも私は秘書に頼み、ミュンヘンの台湾代表事務所にビザの発行と入国の可否を問う手紙を送ってもらった。台湾代表事務所からは、この問題を調査し、可能なかぎり早く返答するとの連絡があった。

しかし、いくら待っても返答はなかった。再度問い合わせても、返答はなかった。最後に問い合わせた時、「移民署に連絡を取ってください」と言われ連絡したが、その移民署からも何も返答がなかった。

中国共産党と国民党

私がアジア太平洋、宗教の自由に関するフォーラムに参加しないと知った台湾の記者たちは私に連絡を取り、理由を聞いてきた。

私は記者たちに次のように述べたのを鮮明に覚えている。

「台湾政府は、私が台湾の国家の安全保障に脅威とならないことを理解するべきだ。二〇〇六年に台湾を訪れた時、私はよい印象を持ち帰った。何の問題もなかったのだ。国民党は、ウイグル人や東トルキスタンの人々に対して恨みを抱いているのかもしれない。

一九四四年、東トルキスタンの人々は国民党軍との戦いに勝利し、東トルキスタン共和国を建国したのだから。国民党は中国共産党と同じように、東トルキスタンやチベット、さらにはモンゴル共和国までも中国の一部と見なしている。国民党の愛国主義のイデオロギーは強力なものだ。中国共産党と国民党のイデオロギーは異なるが、国益については同一視している。

国民党は、ウイグル人やチベット人、モンゴル人を、中国共産党と同じように見ている。台湾における民主主義と自由の成功は、国民党の本質が変わったことを示しているわけではない」

国民党が敗北し、民主進歩党の蔡英文氏指導下で台湾の新政権が誕生した。

しかし、私の台湾訪問許可は得られないままだった。二〇一八年、ベルリンの台湾代表事務所の謝志偉《しゃしい》大使に助けを求め、調査と総統府とのやり取りを約束されたが、それ以降の返答はなかった。一方、代表なき国家民族機構の台湾代表だった徐斯儉氏(外交部政務次長に就任)とは、フォーラムで遭遇し、台湾入国問題を話し合った。しかし彼も「時間が必要だ」と述べただけだった。二〇二〇年のオンラインフォーラムでは、「いつ解決してくれるのか」と聞いたが、彼は微笑むだけだった。

政府高官や議員は問題解決に熱心だった。特に人権と民主主義を理解する楊黃美幸氏は、私の台湾訪問問題を何度も話し合ったが、前向きな結論は出なかった。台湾政府は一貫して私の台湾訪問を否定し、最終的に楊黃美幸氏は蔡英文政権に抗議し、職を辞した。

彼女から二〇一九年十一月十一日、その退任の日に送られてきたメールを、私は大切に保存している。

「政府は台湾の基本的な価値、自由、民主主義、人権を無視し、約束を破り、中国の圧力と脅威に屈した。ドルクン・エイサ氏の台湾入国を許さないのは、その象徴的な例だ」

私は彼女の勇気に敬意を表したい。

台湾の政府高官、人権活動家、ジャーナリストからの様々な手紙やメッセージが私の元に届いた。彼ら全員が蔡英文政権を批判し、中国の圧力に屈服し正義を傷つけている事実に激怒していた。台湾人であることが恥ずかしい、とまで言う者もいた。

私の台湾入国問題は未だに解決されていない。台湾への入国が許されず、東トルキスタンの危機を台湾の会議で取り上げる機会が奪われている。しかし、人口八千万人のトルコが私に門を閉ざした時よりも、失望は少ない。台湾は、中国の巨大な砲火と侵攻の脅威に晒《さら》されている小さな島なのだ。それでも、私は積極的に代表なき国家民族機構で活動し、台湾が国連加盟国になるための手助けをし、中国との戦いを支援してきた。

台湾が民主主義を尊重する国であると信じている私は、台湾が私を受け入れてくれることを切望していた。台湾が香港のような運命に見舞われず、また東トルキスタンのような悲劇を繰り返さないことを、今でも祈っている。

第五章

韓国からの逃亡

「韓国には入国できません」

韓国での拘束は他国とは異なり、私の命が中国の手中に落ちる危険に晒《さら》された。

二〇〇七年十月、アジアの民主化のための世界フォーラムに台湾民主基金会から前総裁エリキン・アリプテキンが招待されたが、体調不良で私が代役を務めた。二年後の二〇〇九年、台湾民主基金会主催のソウルでのフォーラムへの招待状を受け取った。百五十名の活動家が参加し、ウルムチ虐殺事件から二カ月後のウイグルの危機について発表する機会は大変意義深かった。

妻マヒレも韓国に行きたいと言った。ウイグル人に人気の韓国映画や音楽のファンで、私と一緒に移動する初めての経験となった。フォーラム主催者に二人部屋を頼んだ。出発前には、韓国のジャーナリストからのインタビュー依頼があった。私はウルムチでの大虐殺を含む中国の残虐行為について語った。

九月十五日、マヒレと私はエミレーツ航空の便でミュンヘンからソウルへと向かった。ドバイでの四時間の乗り継ぎの間、ソウルへの到着とそれに伴う厄介な事態を心配していた。もし税関で何か問題が起こったらどうしようか、と。

「君とは別々に税関を通過するほうが良いと思う。それぞれ別のカウンターに行こう」

私はマヒレに提案した。

「なぜ？」

「何が起こるかわからないから。もし僕が税関で引き止められたら、君も足止めを食らう。別々のカウンターに行ったほうがいい」

彼女の目は驚きで大きく見開かれた。

「イベントのスタッフが空港で僕たちを待っている。これが彼らの住所と電話番号で、これが会場の住所だ。韓国で学んでいるウイグルの若者たちも空港に来てくれるそうだ。これが彼らの電話番号、こっちがドイツ大使館の電話番号だ。もし税関で僕が問題になったら、この人たちに連絡を取るんだ」

「そんなに脅《おど》さないでよ」

「大丈夫だよ、たぶん何も起きない」

妻は無言で紙を受け取り、「考えすぎだ」という表情をした。だが、何が起きるかわからない。用心するに越したことはないのだ。アメリカとトルコから強制送還されてから、ヨーロッパ以外の国に行く際には必ずドイツ大使館に連絡をすることにしていた。

ソウルの空港に降り立った後、計画通り、妻とは入国審査でわかれた。妻は難なく審査を突破し、外で私を待つ姿を窓越しに見せた。私も審査員にパスポートを手渡した。彼はそれを一瞥《いちべつ》してからパソコン画面へと視線を戻す。その次の瞬間、顔色を変えて私に視線を向けたのだ。

「ここで待っていてください」と言われた瞬間、異変を察した。

だが、その異変がどれほどの事態を引き起こすのか、この身が危険に晒され、ドイツとアメリカ、韓国、中国の外交戦争の渦中に巻き込まれることになるとは、その時点では想像もつかなかった。

「韓国に来たことはありますか」

しばらくの沈黙の後、審査員が問いかけてきた。

「いいえ、初めてです」

「ここで一、二時間待っていただけますか」

私はすぐに妻に電話した。

「問題が起きた。外に出て、迎えに来ている人たちと会って、私が足止めを食らっていることを伝えて。あとで電話する」

次に、韓国の警察官に別室へ連れて行かれた。そして二時間後、「韓国には入国できません。ドイツに送還します」と一方的に告げられた。

「なぜですか？」

私の問いに対し、警察官は一切の説明を拒んだ。私の頭には、かつてワシントンD・Cの空港からドイツに強制送還された時の苦い記憶が蘇《よみがえ》ってきた。そしてトルコから送還された日の記憶も。再び同じ苦痛と困難、そして侮辱《ぶじょく》を味わうことになるのかと身が縮む思いだった。

しかし、私は過去の経験から学んでいた。税関で待つように言われたら、必ずや厄介なことが起こる。警察官との口論は無意味で、かえって泥沼にはまるだけだと。だから、できるだけ早くドイツへ送還されることを願い、その希望に縋《すが》りついた。それが、少なくとも今の状況を緩和する道だと理解していたからだ。

大部屋で強制送還を待つ

再び妻に電話した。

「韓国には入国できない。ドイツに強制送還されることになった。いつ送還されるかはわからない。ドイツ大使館に連絡し、空港の人々にも状況を伝えてほしい」

妻がドイツ大使館へと連絡を入れたところ、大使館の職員は「心配は不要だ、私たちが韓国の外交部に連絡する」と快く対応してくれた。一方で、フォーラムの出席者全員がこの事態を知り、私にまつわるニュースが瞬《また》く間に広まっていった。

国境警察官より、五時間以内にドバイ経由でドイツへ帰国する飛行機に搭乗することを告げられた。確保された座席と、拘束からの解放を示唆《しさ》するその情報には、一抹の安堵《あんど》を覚えた。フォーラムへの出席が叶わず、韓国の地を踏むことができぬと知った後も、私は落ち着いていた。

妻マヒレにはそのことを伝え、何も心配することはないと安堵させた。韓国での休暇を思う存分楽しむように告げ、自分が飛行機に乗った時点で再度連絡を入れることを約束した。彼女はがっかりしていたが、この種の事態は慣れてきていたのだ。

出発の時間が迫っていた。私は一秒ずつ時間を数えていた。警察官が一時間前に姿を現し、すぐに搭乗すると言ったのだ。しかし、出発時間の四十分前、警察官の一団が再び現れ、こう言った。

「本日、あなたの出発は見送られます。私たちのセキュリティサービスが明日、あなたに質問することになりました。その質問には応じなければなりません」

事態が思わしくない方向へ進行していることを察した。私はドイツのゲーリング弁護士に連絡をとった。

「韓国のセキュリティサービスがあなたに尋問する権利はない。あなたはドイツ市民だ。質問を断る権利があり、それに応える必要はない。もし彼らが何か圧力をかけてきたなら、すぐに私に連絡をするように」

私は強制送還を待つ者たちと共に大部屋に閉じ込められた。再び、民主主義国家によって私の自由は奪われたのだ。このような仕打ちは、私には受け入れがたかった。心は落ち着かず、空腹感に苛《さいな》まれた。私はイスラム教徒のため、提供された食事は口にすることができなかった。部屋には約二十人の人々がおり、次々と送還されていった。

私は後に残され、待ち続けた。部屋は暑く、不快な臭いが漂《ただよ》っていた。シャワーを浴びる場所も、体を横たえる場所もなかった。結局、背もたれのある椅子に座ったまま、眠りに落ちた。

最も恐れていたこと

翌朝、目を覚ました私の心は沈んでおり、不安でいっぱいだった。

実は、私が寝ていた間に多くのことが起こっていたが、その時点では私はまだ知らない。ドイツと韓国との間で繰り広げられた激しい交渉、中国と韓国との間で進行した秘密裏の対話、そしてアメリカと韓国との間で行われた厳しい対話。すべては、私が鉄格子《てつごうし》の陰で寝ていた間に起こったことだった。

取り調べに来るはずのセキュリティサービスは、結局現れることはなかった。私の弁護士が話をしたのか、それともドイツの外務省あるいは大使館が動いたのかはわからない。

後に知ったことだが、私がソウルの空港で拘束されている事実が、アジアの民主化のための世界フォーラム開会後の議論の焦点となったそうだ。韓国のマスメディアは騒然となり、「アジアの民主化のための世界フォーラムが足蹴《あしげ》にされた」との見出しの報道が飛び交《か》い、ジャーナリストたちからの電話が殺到した。最初、私はこのインタビューを避けていた。事態をエスカレートさせるようなことはしたくなかったのだ。

また一日が過ぎ、私は依然として落ち着かなかった。大部屋にいた「拘束者」たちは次々と送還され、最後に私だけが残された。部屋にいた警察官は私の質問に答えることができず、なぜ私がまだ拘束されているのか、いつ送還されるのか、警察官自身も知らないという。「調査中だ」とは告げるものの、それ以上の情報はなかった。

警察官は時折現れては私を一瞥し、去っていく。私はパラノイアのようになり、韓国の警察官が中国の秘密情報員のように見えてきた。彼らは中国の秘密情報員なのだろうか、と思ったりした。

私が最も恐れていたのは、中国への強制送還だった。中国に送還された場合、私の生存は絶望的であることは明白だった。中国の当局は、単に私を殺すだけでなく、長時間にわたる拷問を行うだろう。そして、全世界の目の前で私を羞恥《しゅうち》の対象にする。自白を引き出すために激しい拷問にかけられるだろう。これまでのウイグル人活動家と同じく、彼らは私を他のウイグル人たちへの見せしめとしようとするのだ。

監禁二日目にも、尋問されることはなかった。警察官たちは何も聞くことはなく、その代わり、私に関心を寄せるジャーナリストや、世界中の友人たちからの絶え間ない電話があった。

私が契約しているドイツの携帯電話会社からも電話が入った。

「料金がすでに一千二百ユーロ（約十九万円）を超えています。通常ならば、一千ユーロに達した段階で、回線を一時停止しますが、まずは確認のお電話です。回線を一時停止してもよろしいですか」

「いや、その必要はありません。一時停止はやめてください。現在、韓国でトラブルが発生しており、電話は私の命綱なんです」

彼らが事前に電話をかけてくれたことは幸運だった。携帯電話が使えなくなれば、友人や家族と連絡を取り、私が無事であることを伝える手段が消えてしまう。とはいえ、通話料は高額だった。

「家族や大使館に連絡を取りたいので、ここの電話番号を教えてください。ドイツの電話会社から先ほど電話があり、この二日間で一千二百ユーロ以上の料金が発生したそうです。

私の電話が一時停止されるかもしれません。出発前に、ドイツ大使館や妻が私に連絡を取ろうとするでしょう。そのために連絡手段を確保したいのです」

警察官はフロントデスクの電話番号を教えてくれた。私はその番号を妻に伝え、何か問題があればここに電話するよう伝えた。私自身は、必要な時以外、自分の携帯電話にはほとんど応答しないようにしていた。

その結果、移民局の拘禁《こうきん》センターのフロントデスクの電話番号が知れ渡ってしまった。友人、ジャーナリスト、人権団体のメンバーがフロントに電話をかけ始め、警察官たちは私宛《あて》の電話が増えるにつれてイライラしていた。翌日には、我慢の限界が来たのだろう。警察官はこう宣言した。

「一日中あなた宛の電話に対応していますが、私たちにもやるべきことがあります。これからは、あなたの奥さんとドイツ大使館からの電話だけを受けます」

私はそれを受け入れ、この事情を妻に伝えた。しかし、その取り決めも長くは続かなかった。男性はドイツ大使館から、女性は妻からと名乗り、電話がかかってくるようになった。私にインタビューを求めるジャーナリストたちも同じ手口を用いた。怒った警察官は、「あなたには妻が何人いるんだ！」と皮肉を言った。

韓国が交わした約束

監禁二日目、背後ではいくつもの力が渦巻き、物語はすでに複雑な形状を描き始めていた。アメリカの国務省、議会議員、ドイツ大使館、ドイツ外務省の各所が関与し、特にドイツ大使館の彼らは、私が韓国で勾留《こうりゅう》されている現状を憂慮し、韓国政府への重い圧力をもって介入を試みていたという事実を、私は後になって知ることになる。

アレクサンダー・ノワクというドイツ大使館の法律顧問が、私の元を訪れた。彼に対して、私はこれまでの事象をすべて話した。二日間シャワーを浴びずに過ごしており、自分の体を清潔に保つという基本的な行為すらも奪われている状況を伝えた。彼は新品の衣類を買ってきてくれ、特別にシャワーの許可を取り付けてくれたのだった。

そして、夜になると、ドイツ大使館の職員が数名、私のところへやってきた。彼らは、ドイツと韓国が持つ深い外交関係と経済関係を背景に、私の救出のためにあらゆる手段を尽くす意向を明らかにした。また、世界の多くの国々が、私の件に注目を寄せていて、特に韓国の「隣国」が、この事件に対して特別な関心を持っている、と教えてくれた。

名前を出さずとも、その「隣国」が中国であり、韓国政府に強い圧力をかけているのは火を見るより明らかだった。

ノワク氏から、韓国の行政安全部や外交部、出入国・外国人政策本部が私のケースをどう取り扱うべきか議論していることを聞かされた。そして最後に、衝撃的な事実を知った。すでに韓国政府は、私を中国政府に引き渡すと約束していたのだ。

韓国への警告

今でもわからないことがある。

私が韓国へ行くことを中国は事前に把握して引き渡しを要求したのか。それとも私が韓国の税関でレッド・ノーティスを発見された後、韓国が中国に通知したのか。または報道を通じて私が勾留されていることを知った後に要求が来たのか。

その真相は依然として闇の中にある。だが、韓国が私を中国に引き渡そうとした事実は変わらない。

引き渡しの準備が進行していた時、ドイツやアメリカ、ヨーロッパの国々から韓国へと警告が発せられた。韓国が現状を改善しなければ、彼らにとって有害な結果を招くことは明らかだった。私の親友でもあるイタリアのマルコ・ペルドゥーカ上院副議長は、在イタリア韓国大使に対し、私を直《ただ》ちにドイツに送還するよう要求し、そうしなければこの事件が韓国の民主主義に汚点を残すことになると、強烈な警告を発した。

ソウルの空港で私が身柄を拘束されているという情報が、ドイツやヨーロッパのメディアで大々的に取り上げられた。アムネスティ・インターナショナルや代表なき国家民族機構、被抑圧民族、ＷＦＤＡ、そしてウイグル人の団体など、多数の組織が声明を発表し、韓国を非難した。西側諸国の政府に向けて私の保護を強く訴えた。ＥＵまでもが介入、韓国には巨大な圧力がかかった。中国との約束どおり私を中国へ強制送還するか、それとも同盟国側について私を解放するか、韓国は厳しい選択を迫られた。

中国との関係を選ぶことで、アメリカやドイツ、そして他のヨーロッパ諸国の怒りを買うことは、韓国にとって厄介な問題だった。しかし、その問題が中国からの巨額の投資や金に比べて、一時的な犠牲であると判断したかもしれない。

ドイツ、アメリカ、そしておそらく西側全体からの韓国に対する非難は一時的なもので、その過ちが忘れられれば、私一人が実質的に唯一の被害者となるだろう。国家は現実的な選択とされる時や長期的な影響がないと考えられる時に、利益のために人道的な観点を犠牲にすることがある。自由や民主主義、そして他の価値観さえも。

監禁三日目、まだ韓国政府からの連絡はなかった。ノワク氏が再び私の元を訪れた。

「今日の夕方五時までに決定事項を連絡すると、韓国政府は約束した。今朝は電話が繋がっていたが、ここ二時間は政府関係者に連絡がつかない。五時までに返事がなければ、外交的な措置をとるつもりだ」

彼の言葉から察するに、ドイツが私の解放を求める外交文書を発行すると韓国に警告していたのだ。それはドイツが私を保護する決定を下したことを示していたが、それを私に約束することはできなかった。

この事件に関わった友人や人権団体のリーダーたち、そして私を安心させるために私を奮起させてくれた外交官たち――初めの二日間は楽観的だった彼らの声色《こわいろ》が、三日目になると敗北感と無力感に変わっていった。事態がエスカレートし、危機感が増してきた。ドイツやアメリカ、そして他の西側諸国全体が私を救出しようとしていた。ここで私に何ができるのだろうと自問した。結論はハンガーストライキの宣言だった。

ジャーナリストからのインタビューの依頼は絶えない。八時までに解放されなければハンガーストライキを始めると彼らに告げ、そのニュースは瞬く間に世界中に拡散された。

自殺か、中国による拷問か

そんな中、ドイツ大使館より伝言が届いた。

「今、空港に向かっている。一時間以内の到着を目指す。私たちが到着するまで、何もせず待つように」

私は待っていたが、希望の光は薄れかけていた。

中国への強制送還への恐怖、空腹、そして睡眠不足による衰弱感が私を追い詰めていた。もし強制送還されることになったらどう生き抜くべきか、そして中国の手中で生きることが果たして可能なのか、それが頭をよぎった。解決策として浮かんだのは自殺だったが、それすらも困難な道のりだった。

窓ガラスを破ってビルから飛び降りるという選択肢は、窓が頑丈すぎて無理だった。靴《くつ》紐《ひも》とベルトを押収されていたので、首を吊る道具は持っていない。結局のところ、壁に全力で体をぶつける以外に道はないと思い至った。だが、もし壁にぶつかっても死ぬことができなかったらどうすべきか。死の選択すら叶わない境地に立たされていたのだ。

自殺も叶わず、生きて中国へ送還されるとなったらどうすべきか。その答えを見つけるために考え続けた。中国政府に生け捕りにされた英雄たちの悲劇が脳裏に蘇った。中国の拷問方法は、恐ろしいものだった。爪をむしり取られたり、辛《から》い液体を体内に注入されたり、アイロンを背中に押し付けられたり、天井から吊るされたり、鞭《むち》を打たれたり、電気椅子に座らされたり、性器にケーブルを差し込まれたり、指を一本ずつ切断されたり——。

意識が消えるまで拷問が続けられ、自白を強要される。その後、身だしなみを整えられ、ビデオ撮影が行われる。かつての正義の戦いがすべて罪だったと告白し、中国共産党への懺悔《ざんげ》を述べるのだ。ウイグルの人たちに対しても、共産党に感謝して従い、自分たちの大義のために戦うことを恥だと思え、と言わせられる。

その後どうなるだろうか。

中国は世界に向けて、勝利のメッセージを発信するだろう。

「見よ、ドルクン・エイサのような知名度のある分離主義者すら私たちの手に戻り、罰を受け、懺悔するのだ！」

そんな事態が現実となったら、私たちの大義のために戦ってきた人々は深い絶望に陥《おちい》るだろう。闘志は失われ、深い落胆が彼らを襲う。そして、中国は本人を処分するだろう。一撃で死を迎えるか、注射を打って死亡させ、世間には突然の発作で亡くなったと告げる。遺体は家族に返すか、あるいは誰も知らない場所に埋める。

こうしたことを考えていると、疲弊感が増すばかりだった。私は代わりに、自殺のことを考え続けた。だが、どうすれば自殺できるのか、その方法を見つけることすら難しい。

中国に強制送還される恐怖

夜の十時、黒いスーツを着た人々が部屋に入ってきた。

「電話の電源を切って、ついてきてください」

　私は不安になった。

「どこへ行くのですか」

「あなたをドイツへ送り届ける。今から、外部との連絡を断ってほしい。電話の電源を落とすように」

「待ってください。ドイツ大使館と話したいです。私の電話は電源を落としますが、別の電話を使わせてください」

　彼らは携帯電話を貸してくれた。アレクサンダー・ノワク氏に連絡を取った。

「この人たちがドイツへ私を連れて行くと言っています。あなたが到着するまで待ったほうがいいですか？」

「私たちは空港にいる。だが、あなたに会うのは適切ではないと考えた。尾行される可能性があるからだ。隣国（中国）は予断を許さない。そのまま、彼らについていってほしい。あなたを安全に飛行機まで送り届けてくれる。心配は無用だ。電話の電源は入れないように。誰とも話さないこと。奥さんでもダメだ。あなたが出国するまで私たちは待機し、見守るつもりだ」

　ノワク氏の言葉を聞き、私は安堵した。黒スーツの一人がドバイ行きの飛行機に乗ると言う。なぜドイツ直行便に乗らないのか。もし韓国と中国が密かに協定を結んでいたらどうなるのか。ドバイに到着後、中国に強制送還される恐怖に怯《おび》えた。

なぜ明日出発するドイツ直行便を待たないのかと尋ねた。

「明日では何が起こるかわからない。今すぐにあなたを送り返すよう命じられている。今日、あなたを韓国から安全に出国させることが私たちの使命だ」

彼らは、ターミナル間を連絡する電車に乗り、乗客に対し電車が故障したと通告した。人の気配が消え去った電車に、私たちのみが乗り込んだのだ。彼らは、一見ただの市民に見えるが、韓国の諜報員《ちょうほういん》だった。

私たちは出国ゲートに辿り着いた。

「電話を貸してもらえますか？　ドイツ大使館に連絡する必要があるんです」

諜報員から電話を借り、アレクサンダー・ノワク氏に連絡を取った。

「今から、飛行機に乗ります。ドバイで八時間待つ予定ですが、ドバイで中国に売られる可能性はありますか？　これがすべて、ただのゲームだったとしたらどうしますか？　明日のドイツ行き直行便を待つべきでは？」

「あなたを今日、無事に韓国から出国させることが重要だ。明日になれば状況は変わるかもしれない。あなたの旅行はドイツ外務省が手配している。ドバイで長時間待つことはないだろう。ドバイには、あなたを待つ者たちがいる。ドバイに着いたら、すぐに現地のドイツ領事館に連絡するように」

「だから、この飛行機に乗れば大丈夫ということですね？」

「そうだ、大丈夫だ」

課報員たちは乗客とは異なる経路を進んだ。ゲートを巡り、イヤホンを介して連絡を取り合っていた。付き添う諜報員たち以外にも、諜報員はいたのだ。私を通過させるために、いくつかの通路は封鎖されていた。諜報員たちは真剣な表情を浮かべ、まるで高級官僚を護衛するかのようだった。

ドバイ行きではなかったら

私はまるで映画の中にいるかのような感覚に取り憑《つ》かれた。シュール過ぎる。すべては作り話なのか。この人々は、私を中国人に引き渡そうとしているのだろうか。

私は搭乗ゲート脇の事務室に連れて行かれ、ドアの前で待つように指示された。諜報員は事務室の安全を確認してから、私に中へ入るよう言った。

韓国の入国管理局の局長が来た。

「ドルクンさん、不快な印象を抱きつつ韓国を離れることになり、大変申し訳ない。このようなことになるとわかっていたら、入国許可か強制送還にしただろう。だが、あなたの事件はエスカレートし、私の権限を超えてしまった。何もできず、申し訳ない」

「起きたことは仕方ありません。韓国は民主主義国だと信じていました。失望はしていますが、謝罪してくれたことには感謝します。ですが、重要なのは、この一件が韓国が民主主義で法治国家であるというイメージを汚したことだ」

飛行機に案内されたが、私の手にはパスポートも搭乗券も握られておらず、それが私を不安にさせていた。飛行機がどこへ向かっているのか確認する方法など、一切ないのだ。

「この飛行機がドバイに行くのか、それとも北京に行くのか、どうやって確認すればいいのですか」

同行していた諜報員に聞くと、彼は別の人員を呼び寄せた。

「この人が飛行機の中で、あなたの担当となります。安心してください、エイサさん、彼と共にドバイへ行くのです」

その諜報員は私と共に飛行機に乗り込み、私を一番後ろの席へ案内した。

「前方の客室に居ますので、何か問題があればすぐに知らせてください」

飛行機は満席だったが、私の隣の席は空席だった。これがルールなのだと理解した。以前に強制送還された際も、私の隣の席は必ず空席だったのだ。

同じ列の通路の向こう側に、アジア人らしき女性が座っていた。

「この飛行機はどこへ向かっているのですか」

彼女は驚いた様子で私を見つめた後、少し間をおいて私に言った。

「あなたはどこへ行きたいのですか」

「ドバイ」

「この飛行機はドバイ行きですよ」

「冗談ですよ」

その瞬間、私はやっと正しい場所にいると感じた。もしも彼女が北京か上海と答えていたら、私は飛行機から降ろせと騒いだだろう。

中国に連れて行かれるのであれば、生きて中国人の手に渡るよりは、死人になっていたほうがまだマシだった。だが、飛行機はドバイに向かっている。嫌な考えは置いておき、私は気持ちを落ち着かせた。しかし、ドバイで何が待っているのか、それはまったくの未知数だ。パキスタンやアラブ首長国連邦などの国々は、中国の意のままになっていると言われていた。彼らがわずかな報酬で人を売り渡す可能性もある。それも、世界が非難する行為をまったく気にしない中国のような国へ。

危機一髪だった……

朝五時、飛行機はドバイに着陸した。乗客が次々と飛行機から降り始めた時、例の諜報員が姿を現した。

「ドルクンさん、全員が飛行機から降りるまでお待ちください。その後で、ご案内します」

全員が降りた後、アラブ人の男性二人が私の元へやってきた。

「ドルクン・エイサさん、ドバイへようこそ。私はエミレーツ航空のサービスマネージャーです。責任をもって、あなたが安全にドイツに帰国できるようにします。どうぞ、こちらへ」

機内ではドバイで中国の諜報員が待っているのではないかとの疑念に悩まされたが、男性は中国人ではなかったので、安心してついていくことにした。前回のドバイの空港の混雑と異なり、今回のターミナルは人が少ない。サービスマネージャーの彼はパレスチナ人だった。私がウイグル人であると知ると、「私たちは同じ運命を共有している」と彼は言った。

私はエミレーツのビジネスラウンジへと案内された。

「ドルクンさん、八時間後の飛行機を二時間後に早めました。ここで休んでください。食事と休憩用のベッドがあります。何かあれば、これが私の名刺、そしてこれがあなたのパスポートと搭乗券です」

しかし、中国の諜報員が現れるのではないかと感じ、ラウンジを去った。テレホンカードを購入し、ノワク氏から教えられた番号に電話した。

女性の声だ。

「エイサさんですか。あなたの旅程はドイツの外務省が手配しました。何かあれば、この番号に連絡してください」

彼女はドバイのドイツ総領事館の職員だった。落ち着いてラウンジに戻った。新鮮な食事が待っていた。連絡を取ることは禁じられていたが、安全にドバイに到着したことを妻に知らせたかった。しかし、電話をするリスクは避けた。

後で知ったが、妻やジャーナリスト、人権団体が私の安否を確認しようとしていた。「ドルクン・エイサ」という名の人物はいないと警察官に告げられ、彼らの不安は募るばかりだったそうだ。

ようやく飛行機が離陸した。私は電話の電源を入れて、急いで妻にメッセージを送った。

「ドバイから飛行機に乗ってドイツに向かっている」

すぐに電源を切った。韓国での経験を経て、不安が私を常に襲っていた。だが、ミュンヘンに到着し、やっと気持ちが落ち着いた。

その後、この事件についての情報を友人から受け取った。それはウィキリークスが公開したものだ。その情報によれば、韓国で拘束された翌日に、中国公安部の職員五人がソウルに到着し、私を中国に連れ戻すために待機していたという。レッド・ノーティスに載っている男がソウルの空港で拘束されていると、韓国政府が中国に通報し、強制送還要請に同意した。しかし、アメリカやドイツ、その他のEU諸国からの圧力が増したため、韓国は約束を破らざるを得なかったのだ。

その後、ドイツ外務省の職員とも会った。彼らは、私を救出するために、最後の瞬間まで影響力をかぎりなく行使したと語った。「可能ならば、アジアに足を踏み入れないでほしい」と助言された。彼らの説明によれば、韓国は当初、私を中国に引き渡すことを決定していたが、西側諸国からの圧力を恐れたらしい。私が脱出できるかどうかは韓国の決断次第だったようだ。

数年後の二〇一五年、世界民主運動の第八回総会が韓国で開催され、私も招待されることになった。韓国の反応が見たかったので、ベルリンの韓国大使館と韓国外務省に書簡を送り、自分が入国可能かどうか確認を求めた。返事は長らく届かなかったが、諦《あきら》めずに再度問い合わせを行った。やっとベルリンの韓国大使館から連絡が来たが、それは韓国のドイツ大使館に返答したとの報告だった。そして韓国のドイツ大使館からその返答が届いた。「ドルクン・エイサ氏を韓国に迎え入れることはできない」というものだった。

第六章

国境線上の論争

アジアには行くなとの警告

二〇〇九年十一月、アメリカの世界民主運動から二〇一〇年四月のジャカルタでの総会の招待状が届いた。二年ごとに開催され、五百人近い参加者が集まるこの会議はウイグル危機を認識してもらう絶好の機会だった。だが、韓国での体験から、インドネシアでの安全性に疑問を抱いていた。

世界民主運動は全米民主主義基金の主導で始まり、韓国での危機から私を守ってくれた組織であった。出席の意向を伝え、総会前にさらなる調査をすることにした。ドイツ外務省からはアジアへ行かないほうが良いとの警告を受けていたからだ。

ルフトハンザ航空のジャカルタ行きチケットが届いたが、シンガポール経由だったため、安全性への懸念が増した。全米民主主義基金に直行便かヨーロッパ経由への変更を問い合わせ、ドイツ外務省にアドバイスを求めた。

ドイツ外務省のクノル氏からの返答は、出席は可能だが、身の安全は保証できないというものだった。これは私自身が決めるべき問題だった。

ドイツ国籍を保有する私には、インドネシアへの渡航に際してビザは不要だ。だが、韓国での恐怖が忘れられず、念のためインドネシア大使館に問い合わせを行い、ビザを要請した。二週間後、ビザとパスポートが戻ってきて、インドネシア国内での旅行は安全との回答があった。

それでも不安があったので、全米民主主義基金のガーシュマン会長とグリーヴ副会長と相談し、インドネシアで同様の事件に遭遇する可能性を訴えた。全米民主主義基金からは問題の検討を約束する返答が届いた。

当時、中国は国際的なイメージ改善に注力し、「分離主義者」対策に資金を使っていた。中国ハッカーの情報窃取が頻発し、サイバーセキュリティの状況は厳しかった。私は全米民主主義基金との連絡はメールで取っていたが、中国ハッカーから完全に防ぐのは難しいと感じ、二〇一〇年四月初旬、総会参加不可能を通知した。返信は「他の機会に参加できれば」とあった。

そのメールは、中国のハッカーを惑わすための策略だった。全米民主主義基金との連絡は電話とファックスに限定、チケットも変更。ドイツからインドネシアへの直行便はなく、アムステルダム乗り換えとなった。その上で、私と一緒に旅行する人をカール・ガーシュマン会長が手配した。ルイーザ・グリーヴがミュンヘンに来て、共にジャカルタへ行く計画が組まれた。この思いやりは感動的だった。

四月九日にミュンヘンに到着したグリーヴを空港で出迎え、世界ウイグル会議本部へ連れて行った。昼食後、飛行機でアムステルダムへ。ジャカルタへ向かう二十人余りの面々が集結した。ヨーロッパ各地からの会議参加者で、旧知の顔もあり、グリーヴを知る者も多かった。私たちは一緒にジャカルタへと旅立った。

だが、思わぬ事態が発生した。ジャカルタ直行予定の飛行機がバンコクで燃料補給し、我々は降りるよう指示されたのだ。少し不安だったが、コーヒーを飲みつつ談笑した。再搭乗後、友人がビジネスクラスの席を譲ってくれたので、生まれて初めてのビジネスクラスでの移動となった。

ジャカルタに着陸前に、予防策を練った。入国審査で何が起こるかわからない。何か問題が起きた時に備えて、短いメッセージを作り、アメリカ政府やドイツ政府、大使館に送れるよう準備した。

飛行機がジャカルタの大地に着陸した瞬間、不安が押し寄せてきた。ヨーロッパを巡る際には、パスポート確認の煩《わずら》わしさは存在しない。だが、ヨーロッパ以外の地を旅する時には、常に航空機が地面に触れた瞬間、不安が心を侵食する。とりわけ、入国審査は最も危険と苦痛が共存する空間で、その事態を想像するだけで私は震え上がった。

レッド・ノーティスが突如として出現する可能性があるからだ。入国審査では、ソウルやワシントンD・C、イスタンブールでの苛烈《かれつ》な日々が再び脳裏に蘇《よみがえ》った。審査が終わるまでの三十分から一時間は、永遠のように感じられた。今回は、私だけでなく、同志たちもその不安を共有していた。それは半年前に韓国で私が何を経験したのか、彼らは皆知っていたからだ。

インドネシアとマレーシア

インドネシアの法律、規定、民主主義的な制度について私たちは詳しくなく、中国からの圧力を受けた際に、私のようなイスラム教徒を守ってくれるのか、あるいは韓国で起きたような事態を繰り返すのか、見当もつかなかった。兄弟愛と誠実さをもってウイグル人に対して配慮をしてくれるイスラム教国は、この世界には残念ながらほとんど存在しなかったからだ。

私たちは、入国審査の列に並んだ。仲間たちに囲まれながら、一分また一分と時間を数えた。韓国の時と同じく、拘束されるのか、それとも強制送還されるのか。それが事実となった場合、すぐにでも送還されるのか、それとも一時的に勾留《こうりゅう》されるのか。乗り継ぎの時に何が起こるのか、想像もつかなかった。

中国へ引き渡されることになったらどうしよう、その心配で心が占められていた。二十分間の待ち時間が、まるで永遠のようだった。先に並んでいた二人はすぐに通過して、私が審査へ進むのを待っていた。私は平静を装ってパスポートを審査官に手渡した。しかし、内心はパニックだった。

だが、結局、何も起きなかった。数分もかからずにパスポートにスタンプが押され、無事に通過。角を曲がり、待っていた友人たちと歓喜の声を上げた。通りすがりの人々が驚きの表情を浮かべながら私たちを見ていた。もし帰路も同じようにスムーズだったなら、このインドネシア行きの旅はそれほど記憶に残るものにはならなかっただろう。

シャングリラホテルに滞在し、四月十一日にスシロ・バンバン・ユドヨノ大統領の開会スピーチで総会がスタートした。各国指導者と外交官が演説を行い、百カ国以上から五百五十人が参加した。私たちはそこでウイグル問題の展示会を開催。中国の圧政について資料を展示し、政府高官や人権団体リーダーと話した。特にマレーシアの副首相アンワル・イブラヒム氏（現首相）との対話は有益だった。

会期最終日の翌日、四月十五日にジャカルタを後にした。会議に出席していた約五十人の同志が同じ飛行機に乗り合わせ、それはまるで共に旅をする仲間のような感覚だった。アムステルダム経由で各国へ帰国予定だったが、アイスランドの火山噴火により航空交通が乱れ、クアラルンプールに緊急着陸した。

火山の噴火は続き、その影響がいつまで続くのかは予測不可能だった。

ヨーロッパ行きはすべて延期、空港は旅行客で埋まったため、クアラルンプール市内のホテルで情報を待つことにした。入国審査を通過すべく手続きを始めたが、その時突然、心の中に警告の声が響いた。

ドルクン、この入国審査を通過してはならない。それは恐怖と苦痛を伴う最悪の選択だ。ジャカルタへの入国は無事にできたものの、新たな不安が心に湧き上がった。

私がインドネシアへ行ったことを中国が知らなかったとしても、今ここから出たら、中国は私の行動を把握できるだろう。インドネシアを発つ際、何も問題が起きなかったのは幸運だったが、今度はマレーシアの入国審査でレッド・ノーティスが出てくるかもしれない。そうなったら大変な事態となるのは必至だ。

空港に残ることを決意

過去に、中国から逃れてきたウイグル人の若者がマレーシアで強制送還された事例がある。中国の影響力はマレーシアでも増しており、空港で引き留められれば、中国が私の存在を知る可能性は高い。中国に引き渡されるリスクは避けなければならないと私は判断した。

そこで私は市内へは行かず、空港に残ることを決意した。記入した用紙を破り、友人たちにその意思を伝えた。それは賢明な選択だと一同が納得した。グリーヴと一緒に難民旅行書類を持つ者も留まった。空港は寝る場所がなく、グリーヴに市内へ行くよう勧めたが、「あなたを守るために一緒にいなければ」と彼女は主張した。

空港内は乗客で溢《あふ》れ、座るスペースすらない状態だった。静かな場所を見つけ、壁に寄りかかりながら夜を過ごしたが、ほとんど睡眠は取れなかった。翌日、何も知らせはなく、レストランで暇を潰《つぶ》した。壁にもたれて寝るのは辛《つら》く、それを共有するグリーヴに申し訳ない気持ちだった。

二日目に空港ホテルで宿泊可能な部屋を探し、すぐに空いた部屋を確保した。ようやくシャワーを浴び、良い寝床で休むことができた。

運航再開の知らせが届いたのは六日後だった。四月二十一日、無事アムステルダムへ到着したが、長期運休ですべてのスケジュールが混乱していた。チケットを手に入れることは難しかったが、グリーヴの連絡で手配が整い、私はミュンヘン行き、グリーヴはワシントンD・C行きのフライトに乗った。

一年後、空港に留まった選択は正しかったと判明した。マレーシアがウイグル人難民を中国へ〝送還〟するという事件が起き、国際社会から批判が噴出したのだ。ウイグル人難民がタイからマレーシアへ逃れ、人道支援が試みられたものの、マレーシア警察に捕らえられた。マレーシア政府は難民を中国へ送還すると言い、多くの団体が反発した。その後、マハティール・モハマド首相の新政府は中国の要求を拒否、難民を送還しないと公表した。そして、ウイグル人たちはマレーシアを離れ、トルコへ向かうことができたのだった。

サウジアラビアからの招待状

二〇一四年十一月、ムスリム世界連盟からの招待状を受け取った。彼らが翌年二月に主催する「反テロ活動」会議に招待されたのだ。この機にハッジ、すなわちイスラム教の五本の柱のひとつである大巡礼について考えたが、身の安全を懸念していた。さらに、二月はハッジ期間外なのでウムラ（小巡礼）となる。会議までの四カ月間は冷静に考える時間とした。

招待状は、サルマーン・ビン・アブドゥルアズィーズ王主催の国際会議で、高官も出席とあった。これは私にとって名誉な機会だったが、サウジアラビアの人権状況に疑問が残ったので活動家仲間の意見は分かれた。

一カ月後、ムスリム世界連盟から参加の返答を求められ、私は参加を決定した。ベルリンのサウジアラビア大使館にビザ申請を行った。レッド・ノーティスに私の名が記されていれば、ビザ申請は確実に却下されるだろう。だが、サルマーン王が主催する会議という事実が、逆転の可能性を秘めているかもしれなかった。

サウジアラビアのビザ申請は困難だ。多くの条件があり、大量の書類に記入しなければならない。私はムスリム世界連盟に連絡し、彼らから手続きを簡略化するコード番号をもらった。この番号のおかげで、ビザは一週間で発行された。ところが、ビザを見て驚いた。

「世界ウイグル会議副総裁、ドルクン・エイサ」

そんなビザは初めてだった。他の国では、普通、ビザには職業が書かれていない。

私はこのビザの写真をドイツ外務省に送り、アドバイスを求めた。私はイスラム教徒であり、メッカを訪れたい気持ちはあったが、身の安全を確保するという重要な視点を無視することはできない。韓国で経験した災難がサウジアラビアでも起こる可能性があるという懸念を伝えたのだ。外務省は、リヤドのドイツ大使館と連絡を取ると言った。

数日後に、ドイツ外務省から手紙が届く。それによれば、私が出席する会議はサウジアラビア政府主催で、私自身が政府の来賓として招待されているため、安全に関する問題はほぼないだろうとのことだった。しかし、安全が保証されるとはかぎらないので、もし何かが起きた場合は、リヤドのドイツ大使館に連絡するように。結論が出たら、外務省に知らせてほしい、と書かれていた。

サウジアラビアにいる友人たちとその件について話し合った。

「会議は政府が資金を提供して開催される。君は政府の重要な来賓なんだ。ためらわずに、参加すべきだ」

航空券は届いていた。二月二十二日から二十四日の会議に向け、二月二十日にフランクフルト出発、二十七日にジッダ発帰国便のビジネスクラスの切符だ。

二月二十日、私はフランクフルト行きの電車に乗り、同日夕方、サウジアラビアへのフライトに搭乗。イスラム教の聖地への旅の興奮と、入国審査への不安が私を揺さぶった。飛行機は昼にジッダに着陸、しかし、空港の混雑は通常以上で、私は不安を覚えた。

アラブ世界の手続きに慣れず、私は焦った。入国審査官の対応ものんびりとしている。私の前には五人しか並んでいなかったのに、順番が来るまでに約一時間も待たされた。レッド・ノーティスの影響による不安があったが、どうしようもなかった。

しかし、政府からの招待状を見せたところ、審査官の態度が一変し、最高のもてなしで私に接した。数分で手続きが終わり、待っていた二人の男性に案内されメッカへと向かった。

聖地での監視

ヒルトンホテルの部屋からはカアバ神殿でタワーフ（回礼）を行う信者たちの姿が見え、壮観だった。会議には、私以外にもウイグル人が参加していた。アブドゥサラムは宗教学者で、ウムラに誘ってくれ、イスラムの歴史や儀式の背景を教えてくれた。

会議は二月二十二日から始まった。メッカの首長が開会の言葉を述べ、サウジアラビアの内務大臣が歓迎の挨拶をした。五百人以上の参加者がいて、著名なイスラム教学者、政府高官、外交官も出席。私たちはウイグル人の代表として会議に参加した。会議は計画通りに進んでいたが、休憩時間に予想外の出来事が起こった。

一人の男が休憩時間に近寄ってきたが、すぐに立ち去った。彼のことをすぐには認識できなかったので「あの人は誰だろう?」と、スラジデン・ハジに尋ねた。

「アニワルだよ。私たちを見て、逃げていったね」

ようやく、思い出した。アニワルは私と同じアクス出身で、上海でアラビア語を学んでいた。その後、中国の外交部で働き、ジッダの中国総領事となっていた。

彼に声をかけようとしたが、自身が世界ウイグル会議の理事長という立場上、控えることにした。彼が長年にわたって築いてきた、中国共産党の信頼と信用を失う危険性があったからだ。

会議は続き、友人であるアブドゥルアハッド・ハジがＳＩＭカードを提供してくれた。三日目には、ヌリ・トゥルケル、アブドゥサラム・アリム、そしてアデルと共に、私たちはメディナへ向かった。

アブドゥサラムは、メッカとメディナの間に存在する聖地と、預言者ムハンマド（彼の上に祝福と平安あれ）の人生について語ってくれた。

メディナに到着した後、理解できないアラビア語のSMSが届き始め、通信が使えなくなった。これをアブドゥサラムに見せ、翻訳してもらった。「通信会社が連絡するようにとのことだ」と彼は言った。翌日、通信会社から電話がかかってきて、アブドゥサラムが対応した。

「このカードの使用者は誰ですか。購入者から連絡がほしい」

通信会社からそう連絡があり、アブドゥルアハッド・ハジに伝えた。ジッダでは、ウイグル人ビジネスマン、アミン・アブドゥルガフルが宴会を開催してくれ、多くの人と出会えた。しかし、アブドゥルアハッドは不安そうだった。

聞けば、政府から問い合わせがあり、通信会社からいろいろ質問されたという。迷惑をかけてしまって申し訳ない、と私は謝罪した。宴会の後、ホテルへ戻ると、深夜二時、部屋の前に二人の男が立っていた。

メッカは常に騒々しい街だ。深夜を過ぎても人々の往来は途切れることがない。私は寝付くことができなかった。

午前三時過ぎ、紅茶を求めて部屋を出ると、相変わらず二人は私の部屋の前に立っていた。素知らぬ振りをしながらエレベーターに乗り、下へ向かった。二人は私についてきて、紅茶を一杯淹《い》れる間も、彼らは私を遠巻きに見ていた。再び自分の部屋へと戻ると、二人も私を追いかけ再びドアの前に黙って立った。私は彼らの真意を摑めず、監視されているのか、それとも護衛されているのか判断することはできなかった。

メッカでアニワルに会ったこと、携帯の問題、そして二人の男。すべて関係があるように思えた。

もし政府の来賓でなかったら

翌朝、部屋を出る時も二人はそこに立っていた。彼らがサウジアラビア政府の手配によるものであり、私を監視するか、あるいは保護するためにいることは明白だった。彼らは私が行く場所へと必ずついてきた。次第に私はイライラしてきた。

調査した結果、中国政府が、「レッド・ノーティスのテロリストを招いた」と抗議していたことがわかった。そのため、保安当局が二人をつけたという。数年前、ハッジのためにサウジアラビアを訪れたイラン人科学者が行方不明になった事件があった。そういった事件が以前にも何度か起こっていることを思い出した。私はヌリ・トゥルケルや他の友人たちと、この件について話し合った。そして、この事態をドイツの外務省に伝えることを決意した。

ドイツ外務省はリヤドの大使館およびジッダの総領事館へ連絡し、すぐに返事をくれた。常に警戒し、何かあったらドイツ総領事館に連絡するようにと。不安はつきまとう。サウジアラビア政府が中国と裏取引すると、私の生命は危うい。サウジアラビアでは、王や首長の言葉がすべてだ。ウイグル人も、中国の圧力を感じている。そうなると、この監視は悪いことの前兆だ。

二月二十四日から二十六日まで、絶えずストレスを感じた。二十六日に、会議主催者から明朝五時に出発するとメッセージが届いた。疑念が心を蝕《むしば》んでくる。ジッダのドイツ総領事館へ連絡すると、職員が同行すると約束してくれた。ムハンマド・アリ・ハジにも、空港まで一緒に来てくれるようお願いした。

二十七日の朝、空港へ向かった。もし、車が空港ではない場所へ向かっていたらどうするのか。その思考が脳を支配した。空港に到着した時、ほっとした。総領事館へ連絡し、無事に到着したことを伝えると、総領事館の職員も空港にいて、私が無事に出国審査を通過し、飛行機が飛び立つまで見守っていることを教えてくれた。

最後の難関は出国審査だ。無事入国できたからといって、安全に出国できるとはかぎらない。中国政府が知っていたら、逮捕策略が練られていたかもしれない。アニワルが私を見つけ、中国政府に私のことを教えたのだ。彼らはサウジアラビア外務省へ抗議した。だが、出国審査は無事に通過できた。警察官が現れて「ドルクンさん、ご一緒願います。質問があります」などと言うこともなく、六時間後にフランクフルトへ無事に到着した。

私はドイツ外務省へ感謝のメッセージを送った。面倒を見てくれたことへの感謝だ。サウジアラビアと中国の関係が違っていたら……、私がサウジアラビア政府の来賓でなかったら……、異なる結末になった可能性を私は痛感した。

北キプロスにも迫る中国

二〇一六年末、故郷の人と連絡を取り、故郷の情報やニュースを得ることが難しくなった。たまに届くニュースはどれも憂慮すべきものばかりだ。一方で、世界は東トルキスタンで起きていることを気にしていないように思えた。ディアスポラの状態にあるウイグル人のために活動する団体として、日増しに高まる中国の抑圧に立ち向かう手段を探し求めるのは私たちの責務だ。

世界ウイグル会議の研究所のエリキン・アキラム所長と協議を重ね、ウイグル人の指導者や活動家を集め、現代の世界情勢とウイグルの危機について学び合う会議を開くことを決定した。だが、その開催地を決めるのは難題だった。私たちが集めたい主要な人物はトルコや中央アジアに在住していたが、欧米諸国で開催する場合、彼らがビザを取得するまでには長い時間が必要なのだ。トルコが理想的な場所だが、私自身が入国を禁じられていたため、難航することとなった。

慎重に考え抜いた末、開催地を北キプロストルコ共和国に決定した。北キプロスで開催すれば、ビザの取得なしに参加できる。北キプロスはトルコ以外の国や国連から国家としては認められておらず、また中国とも外交関係を結んでいない。私自身、家族と共にその島国を訪れて休暇を過ごしたこともあった。

急ピッチで準備を進め、北キプロスで「東トルキスタン戦略討議会」第一回会議を、二〇一七年二月二十五日から二十七日にかけて開催することになった。招待状を送り、世界ウイグル会議の事務局長代理であるエリキン・エメット博士に会議場やホテルの予約を任せた。

私たちはドイツ、イギリス、ノルウェー、スイス、スウェーデン、トルコ、サウジアラビア、カザフスタン、オーストラリア、日本、カナダ、アメリカから十九人を招請《しょうせい》した。

しかし、会議の三日前、まったく予想もしていなかった事態が起きた。

エリキン・エメット博士がパズルトラベル社に依頼していたキレニアの海沿い、アカプルコホテルの部屋が契約キャンセルとなったのだ。同社に理由を問うと、「ホテルとの契約期間が終了した」との答えが返ってきた。別のホテルの手配を依頼したが、「依頼を受けられない。返金する」と言うのだ。その後、同社とは連絡がつかなくなった。何かしらの政治的な介入があったのだと、私たちは気づいた。

その時、私自身は、ジュネーヴサミットという国際会議の参加者としてジュネーヴに滞在していたが、北キプロスのホテル予約問題に胸騒ぎを感じた。私は二月二十四日に北キプロスへ飛ぶ予定で、その日に乗らなければ会議に遅刻することとなる。ジュネーヴでの仕事を急いで終え、早めに出発することを決心した。それは二月二十二日のことだった。しかしながら、直行便は存在せず、イスタンブールで乗り換えるか、あるいはキプロス共和国に向かい、そこから北キプロスまで自動車で行くか、選択を迫られた。

私はイスタンブール経由を選択し、二月二十二日の朝にジュネーヴを出発した。イスタンブール空港で三時間以上待ったので、北キプロスに到着した時にはすでに夜だった。友人のアスカルジャン、アブドゥジェリル・トゥラン、そしてエメット博士が一日早く北キプロスに到着し、ホテルの予約手配を行っていた。

アンカラからの知らせ

二月の北キプロスは観光のオフシーズンであり、ホテルの客室は空室があった。まず、会議場を手配するために以前予約していたアカプルコホテルに向かったが、部屋はすべて満室だとの回答があった。何者かの圧力によって私たちの予約を拒否しているのだ、と私たちは思った。ホテルを何カ所も回り、ようやく二月二十三日にローズパレスホテルの予約を取ることができた。

思いがけないことが起きたのは、二月二十四日のことだった。朝食をすませ、部屋で会議の予定表を眺めていた私の元に、エリキン・エメット博士から下の階へ来るようにと電話が入った。私が下へ降りると、受付には私服の男たちが三人、立っていた。エメット博士は何かを彼らに説明していたようだ。その男たちは私たちに向かって挨拶した後、急に冷たい態度で質問を始めた。

「あなたは誰ですか。どこから来たのですか」

「ドルクン・エイサです。ドイツから来ました」

「私たちは警察署から来た者です。あなた方に対する申し立てがありました。警察署まで一緒に来てもらわなければなりません」

「どのような申し立てですか?」

「それは警察署で話すことです」

警察署に行くしかなかった。警察官たちは深刻そうな表情を浮かべていた。私が警察官と一緒に行こうとした矢先、ホテルの警備員とともに、一人の人物が登場した。その人物は笑顔で私に近づき、握手を求めた。

「ムスタファと申します。北キプロスの外務省の政務次官です。エリキン・アキラム博士ですか」

「いいえ、エリキン・アキラム博士はまだ到着していません。私はドルクン・エイサです」

「それは幸いでした。一緒に来てください。お話ししましょう」

彼は私と話したかったようで、警察官には外で待つよう伝えていた。ムスタファ氏にうながされ、私は受付近くのソファに腰を下ろした。エメット博士も同席した。彼と私たちは四十分ほど会話を交《か》わした。

ムスタファ氏はこう語った。

「テロリストの一団が北キプロスで会議を開くという申し立てがあります。北キプロスは、国連や各国から輸出制限を受けている国で、脆弱《ぜいじゃく》な立場にあります。こうした申し立てがあった以上、北キプロスで総会を開くことはできません。政府が許可しないでしょう」

「ムスタファさん、その申し立てをした者が誰かは私にはわかりません。中国とその支援国以外に、私たちをテロリストとみなしている国は存在しません。

私たちの組織、世界ウイグル会議はドイツで法的に設立されました。活動はＥＵやアメリカ、国連で認められています。我々の闘いは中国の圧政に対するものです。東トルキスタンと北キプロスは共通点があります。私たちの故郷も侵略された国です。ウイグル人と北キプロスの繋がりは深いです。北キプロストルコ共和国の建国者であるデンクタシュ大統領と、ウイグルの指導者エイサ・ユスフ・アリプテキンは親友でした。

彼はウイグル学生を支援しました。この事実から、ウイグル人は北キプロスを深く愛しています。問題を起こす意図はありません。参加者の資格を調査してください。全員が各国で尊敬される人々です。テロ活動とは無縁です。この会議は故国の未来を話し合う場であり、北キプロスへの理解を深める可能性がありました。参加者は十二カ国から来ています。誤解だと確信しています」

語り続けている最中、私の携帯電話が鳴った。それは日本から来たイリハム・マハムティとイスタンブールからのヒダイトゥラからの連絡で、北キプロスの入国審査で足止めされているという。審査官は二人を送還しようとしていた。

「ムスタファさん。私たちの仲間が、オーストラリアや日本、アメリカ、カナダから長時間かけてやってきて、入国審査で引き留められています。オーストラリアからの友人は二十五時間以上もかけて来ました。送還されたら、世界中のメディアがこの出来事を報道するでしょう。それが北キプロスの印象に良い影響を与えるとお考えですか？」

ムスタファ氏は緊張した面持《おもも》ちでしばらく考えていたが、こう返事をした。

「私個人としてはあなたがテロリストだとは思っていません。しかし、アンカラからの知らせを無視するわけにはいきません。北キプロス政府の決定は明確です。ここで会議を開くことは許可されません。ですが、観光して出国であればかまいません。それにご同意いただければ、空港で引き留められている方々の入国を許可するよう、審査官に話をします」

私たちは彼の提案を受け入れた。他に選択肢はなかったのだ。

冬の海で会議を続けた

ムスタファ氏は何か必要なことがあれば自分のところに来るように言ってホテルを去った。しかし、私たちは警察署へ行かなければならなかった。「これは規則です」と警察官は言った。警察署でも、私たちはムスタファ氏に伝えたとおりのことを話した。最初は冷たかった警察官たちも、私たちの状況を理解し、同情の念を見せた。

入国審査で足止めされていた者たちも入国を許可されたが、それまでの五、六時間は過酷な時間だった。二月二十四日の夜、全員がキレニアに到着した。問題は、どこでどのように会議を開くかということだ。ムスタファ氏との約束はあったが、会議の開催は極めて重要だった。

　翌朝、ローズパレスホテルの食堂で朝食を取りながら会議を始めることを考えた。だが、警察官が側にいて私たちの会話を盗み聞きしている。騒動を避けたい一心で、朝食後、テラスに出て雑談をするふりをしながら会議を始めた。警察官が二人、わずか五メートル先にいて、私たちをじっと見ていた。

　一時間ほど経ったころ、警察官が再び顔を見せる。

「もし観光がお望みなら、車を手配しましょう」

　公園かレストランに移動し、会議を再開することにし、二十人乗りのミニバスを依頼した。私たちは到着したミニバスに乗り込み、キレニアから首都ニコシアへと移動する。警察車両も後方からついてきていた。

　バスの中で会議を再開し、ニコシア到着後は史跡の見学に勤《いそ》しむ。そして公園へ行き、カフェのテーブルに腰を落ち着け、再び会議。警察官たちは僅《わず》か十メートル先から見守りながら、私たちが会議を進行していることを認識していたが、直接的に妨害する様子はなかった。こうしてこっそりと協議が行われ、二十五日の協議事項はすべて終了した。夕方にはローズパレスホテルに帰還した。

二十六日の会議は、前日よりも厳しい状況だった。警察官は朝早くからホテルに現れ、食堂で待機していた。朝食中、警察官から「どこに行く予定か」と問われた。私たちは「少し考えてから伝える」と言い、話し合った結果、白海《はっかい》の遊覧船に乗りながら会議を進行することを決めた。

船上であれば、警察官に議論の内容が耳に入ることもないだろうと考えた。しかし、時期は冬。通常の海上ツアーは実施されていなかった。それでも私たちが海に出たいと言い続けた結果、警察官は何社かのツアー会社に連絡を取り、小型の船を予約してくれた。

天気はよかったが、海風は冷たい。船に乗り観光する私たちを目にした地元の人々は驚き、狂人を見るような目で見ていた。「冬に海上ツアー？」と、思うのも無理はない。船のエンジン音が響き渡る中、会議は進行し、その日の討議事項はすべて終了した。

二十七日には公園やレストランで会議を続け、最後の議題まで討議が行われた。三日間にわたる会議は、なんとか北キプロス政府の目を逃れて終了した。

私たちは様々な議題について語り合った。世界秩序の変革、ウイグルと中国の状況、最近の政治状況がウイグル人にもたらすポジティブな影響とネガティブな影響、その影響を受けた結果にどのように対峙《たいじ》するべきか、中国の現状と未来、東トルキスタンの未来に向けたロードマップの作成等について深く議論した。そして、会議の最終日に十四項目の決議が採択された。

拘束の日々：ローマ

二〇一七年七月、イタリアのルイジ・コンパーニャ上院議員から一通の招待状が私の元へと送られてきた。コンパーニャ議員は、ウイグルの危機に光を当てるための記者会見を、非暴力急進党と共に、イタリア上院で開催するという計画を練っていた。それに私の参加を希望していたのだ。

私自身、非暴力急進党の一員であり、かつての党首であり親友だったマルコ・パニラとは親交が深かった。彼は二〇一六年五月にこの世を去ったが、その生涯を通じて、ウイグルの活動に対する熱い支援を惜しまなかった。ウイグル人やチベット人に関する会議を、イタリアや欧州議会で数多く開催してくれた。彼の死後も私と党との関係は続いていたため、コンパーニャ議員からの招待を喜んで承諾した。

記者会見は七月二十六日に予定されていた。二十五日にローマに到着し、翌朝、非暴力急進党の本部を訪問し、現党首のマリッチオ・トゥルコと国連代表のラウラ・アルトゥと会った。その後、皆で歩いて上院へと向かった。建物に到着すると、すでに二十人ほどの人々が入口に集まっていた。一人の男が英語で話しかけてきた。

「エイサさんですか」

「はい、そうです」

「私たちは国の安全保障機関の職員です」

男は身分証を見せ、私の身分証も確認したいと言った。私は身分証を渡した。

「一緒に来てください。手短に調査させていただきたいことがあります」

「どんな調査ですか」

「職務ですので、どうかご同行願います。三十分で終わります」

現在、十時半。

「十一時に記者会見が始まります。会見の後ではダメですか」

「今でないとダメなのです。ご協力いただけない場合、強制連行しなければなりません」

トゥルコは職員たちと話してくれたが、その結果は変わらなかった。職員たちは私をむりやり自動車へと乗せた。車内で私は急いでドイツの外務省に連絡を取り、状況を報告した。

やがて、私たちはローマ時代の建築様式を彷彿《ほうふつ》とさせる、雄大な建物に到着した。そこで、私は一室へと連れられ、待つように言われた。後ろには警察官がひとり。その人に、なんの調査か尋ねると、仕事を遂行しているだけで具体的な理由を伝えることはできないと言う。

「他に名前は？　別の国の市民権はありますか？　犯罪歴は？　ドイツにはいつ移住しましたか？」

警察官たちは、紅茶やコーヒーを勧めつつ、こうした質問を連発した。その親切な態度に反して、その質問は私の神経を逆なでするものだった。おそらく、レッド・ノーティスと関連があるのだろう。それ以外に考えられる理由は何ひとつ思いつかなかった。

中国に頭を下げるイタリア

三時間後に警察官が数人現れ、「指紋を取ったら終わりだ」と言った。指紋を採取され、写真も撮られた。手荒くはなかったが、二〇〇五年にジュネーヴで拘禁《こうきん》された際のように、あたかも犯罪者のように扱われた。その後、釈放されるまで待つように言われた。

後になって、ローマのドイツ大使館がイタリア政府に対し、レッド・ノーティスは誤りで、ドイツがそれを認めていないと伝えていたことを知った。大使館は私の即時釈放を要求していたのだ。

四時間後、ようやく私は釈放された。記者会見は終わっており、戻っても無意味だった。三時間後には、ミュンヘン行きの飛行機に乗らなければならない。

「空港にお連れしましょう」

「自分で行けます。ご親切にありがとうございます」

「それならば、非暴力急進党の事務所までお送りしましょう」

「結構です。自分で行きます」

警察官は私を送り届けると言い張る。そのしつこさが理解できなかった。

警察署の前には、記者たちが待ちかまえていた。非暴力急進党が情報を流し、私の拘束がメディアに一気に広まったのだ。結局、彼らの提案を受け入れ、党の事務所まで警察の車で送ってもらうことになった。

トゥルコとラウラは、事務所にいなかった。秘書に尋ねると、「警察署の前であなたを待っていますよ」と驚いた返事が返ってきた。私の釈放を党の幹部たちに伝えると、二人はコンパーニャ上院議員とともに戻ってきた。記者会見を開き、コンパーニャ上院議員は「イタリアが中国に頭を下げた」と政府を批判した。

さらに、私が拘束されたせいで中止となった上院での記者会見について、警察を非難した。イタリアは中国の大規模インフラ計画「一帯一路」にまだ調印していないとはいえ、中国の影響力は強まる一方だった。イタリアはのちにEU加盟国として初めて「一帯一路」に調印する。二〇一九年のことだ。

記者会見が終わった後、コンパーニャ氏はこう言った。

「エイサさん、私たちの国でこんな不適切な事態が起きてしまい、心よりお詫び申し上げます。もしお時間が許すのであれば、もう一日滞在していただけないでしょうか。明日、上院で行事を計画しています。それにご出席いただければ幸いです」

「それは大変嬉しい提案ですね。ただ、明日も拘束されないことを願うばかりです」

私は半ば冗談混じりに答えた。

「もう、こういった事態が起きることはありません」

コンパーニャ氏は自信満々に言った。

そのため、ミュンヘン行きの飛行機をキャンセルし、翌日の上院での行事に参加することにした。明日の朝、上院の建物の前で会うことを約束し、私はホテルへ戻った。

中国の典型的な脅し文句

七月二十七日の朝、私とラウラは共に上院の建物へと向かった。コンパーニャ議員が私たちを待っていた。彼の顔色は死人のように青白い。何か嫌な事態が起こったのだ。

私の予想は当たった。上院の議場へ私が入ることに、中国政府が抗議したのだ。

「もしイタリアが、レッド・ノーティスに載っているドルクン・エイサのようなテロリストに上院での発言を許可するのなら、それは外交関係に大きな影響を及ぼす。中国はイタリアから大使館員を引き揚げざるを得なくなるだろう」

これは、中国の典型的な脅《おど》し文句だ。過去十年、経済や外交関係の断絶を脅しに使い、イタリアといったヨーロッパの国にも例外なく適用した。

そこで、私たちは上院の建物の前で記者会見を開いた。私が上院の議場に入ることを禁じたイタリア政府に対し、人権と民主主義、法の支配という原則をもとに私は厳しい批判を行った。

コンパーニャ議員はこの事件を忘れなかった。八月一日に開かれた第八百七十回上院議会で書面による声明を出し、イタリアの内務省と外務省に説明を要求。誰が私を警察署に四時間も勾留することを命じたのか、ドイツ市民である私がイタリアで勾留された法的根拠は何か、また、中国とイタリアの間に秘密協定が存在するのかを問いただしたのだ。

中国の要請を受け入れて私を上院議会に参加させなかったこと、そしてイタリアの安全保障機関が私を拘束した事実がイタリアのメディアで大きく取り上げられ、その騒動は二、三週間にわたって続いた。上院で発言を許されていたら、このような大きな報道はされなかっただろう。しかし、この事件を通じて、ウイグル人についての認識が広がったこと、そして何よりもイタリア政府が中国の圧力に折れたという事実が浮き彫りになったことは重要な事実だ。

イタリアは世界的に有名な繊維産業のパイオニアである。しかし、その産業の七〇％以上は中国の企業が掌握し、布製品の製造も彼らの手によるものだ。その製品には「メイド・イン・イタリー」と書かれているが、実際の製造は中国の企業や労働者が担《にな》っている。

二〇二〇年、中国の武漢が発端となり、全世界へとコロナウイルスが広まった際、不幸にもイタリアがその疫病の巣窟《そうくつ》と化してしまった。初波が押し寄せた時、イタリアはヨーロッパで最も甚大《じんだい》な被害を受けたのだ。理由については意見が分かれるところだが、中国の春節後の二月に十万人もの中国人がイタリアへと流入したことが、大規模な感染の火種となったのは間違いない。到着した中国人の多くがウイルスを保持し、それがイタリアへと持ち込まれたのである。

このパンデミックはイタリア政府と国民の目を覚まさせ、中国への依存がもたらす影の部分に気づかせた。その不満が世論にも反映されていた。

しかし、ウイルスが他国にも広まり、世界規模の大疫病と化し、イタリア以外の国でも感染者や死者が現れると、イタリアの政府や国民は中国への怒りや不満を忘れ始めた。それでも、中国が民主主義という世界共通の価値観に対する脅威となっていることについて、イタリアの政治家たちは以前よりも議論を深めるようになっていた。

私がイタリア警察により拘束され、尋問を受けて以来の三年間、イタリアだけでなく世界全体でも多くの変化があった。二〇二〇年七月には、イタリア上院からの要請を受けてオンラインで証言を行った。その年の十月一日には、イタリア議会の外交委員会にて再びオンラインで証言を行った。それは、私に対するイタリア議会への立ち入り禁止措置が解除されたシグナルであったと信じている。

第七章

インターポールの内幕

例外だった日本と安倍晋三

中国では、人々が賄賂《わいろ》に依存し、その病は社会全体の道徳の堕落を招いている。中国共産党はこのモラルを外交にも用い、国際組織の中でも多くが中国からの賄賂を受けている。

欧州議会のメンバーから聞いた話がある。

「中国の外交官は厚顔無恥《こうがんむち》だ。私たちがウイグル人を支援していることを聞きつけて、ベルギーの中国大使館の職員が何度も会いたいと言ってきた。彼らの目的を探るために、最終的に会うことにした。彼らは『友人になろう』と言ってきた。私が『私たちはすでに友人ではないのか？』と問うと、彼らはさらなる親密さを望んでいると告げた。

それから、ファーウェイの携帯電話を差し出して、友情の証《あかし》だと言う。『友情は贈り物によって築かれるものではない』と私は言ったが、彼らは『これは小さな贈り物に過ぎない。より深い友情の証として、将来的にはもっと驚くべき贈り物がある』と言ってきた。よくない結果が想像できたので、断ったけれど」

なるほど、この欧州議会のメンバーは中国からの賄賂を断った。しかし、欧州議会内で同じように断った者は果たしてどれほどいるのだろうか。ヨーロッパやアメリカでも中国の手口はおそらく同じだろう。

過去二十年の間に、アフリカ、中央アジア、南アジアでは、中国が「投資」という名で経済侵略を成功させ、従属国を作っている。この原則に従い、中国は財政援助を行い、重要人物に対して賄賂を贈り、国連やその他の国際機関における影響力を広げている。

中国のインターポールへの影響力は深刻で、それは私自身が身をもって知っている。インターポールへの中国の影響は国際社会に露見し、反体制派の逮捕状が次々に発行された。二〇一六年、メルケル首相はインターポールへの失望と改革要求を表明した。多くのメディアがこれに続き、批判の声を上げた。CNNは特に詳細に追及し、二十カ国以上がインターポールを利用し政治活動家を追跡している事実を伝えた。

レッド・ノーティスのせいでアジアへの訪問は困難だったが、日本は例外だった。日本領事館に私の状況を説明したところ、「日本は韓国と異なります。安心して旅行をお楽しみください」と返答があった。

二〇〇八年、日本の国会で東トルキスタンの人権問題についての公聴会があり、私は日本を訪れた。元首相の安倍晋三氏と会い、中国の胡錦濤《こきんとう》総書記の訪日を知った。

国会議員たちに、「安倍さんが胡錦濤との会談でウイグルの危機に触れる予定です。どの問題を提起すべきだと思いますか？」と尋ねられ、私は中国で逮捕されたウイグル人歴史家、トフティ・トゥニヤズの問題等を挙げた。

二〇一二年、日本で開催された世界ウイグル会議は、中国を激怒させた。鋭い非難の矛《ほこ》先《さき》は日本へと向けられ、「人民日報」の社説は日本と私、そして当時の総裁ラビア・カーディルを批判の対象にした。これは日中関係に多少なり影響を及ぼす記事だった。

しかし、日本は凛《りん》とした態度を崩さず、政治家たちはウイグルの深刻な状況に同情する心情を堂々と表明していた。残念ながら、インドにおいては、そういった風潮は見受けられなかった――。

二〇一六年、インドのダラムサラでの会議に参加するため、ビザを申請し無事に発行された。だが、私のインド訪問を新聞社が知り、インドに来るのかと問い合わせがあった。考え中だ、と私は答えた。

その直後、中国外務省の記者会見で、「ドルクンはテロリストで、インドがビザを発行することに反対だ」と言われ、ビザが取り消された。

私は中国の覇権主義への抗議と、インドの無気力さに対する失望を表明する声明を発表した。インドに深い失望感を示し、インドは世界最大の民主国家であり、六十年以上もチベット人を支援してきた人道主義の国だと言及した。民主主義と法治国家であるインドが中国の圧力に屈するのは恥ずかしいことであり、その行為はインドのイメージを汚すだろうと書いた。

この事件はインドの新聞に大見出しで掲載され、西洋のメディアでもニューヨーク・タイムズをはじめとして大きく取り上げられた。

そんな中、私がレッド・ノーティスのリストに名を連ねているという事実は、国際的な視線を引きつけることとなった。それはつまり、全世界からインターポールへの批判が勃《ぼっ》発《ぱつ》した瞬間でもあったのだ。国際的団体の人々が、私の元へ来るようになった。彼らが求めていたのは、インターポールに関する資料や情報だった。

すべての元凶はレッド・ノーティス

一九九九年にインターポールのレッド・ノーティス対象者と知り、私の運命は一変した。海外で私の身に降りかかった逆境はすべて、レッド・ノーティスの存在が元凶なのだ。だが、何年経ってもリストから名前を削除できず、希望は遠ざかった。「ドルクン、君の扱いは不当だ、インターポールによる迫害もある。協力しよう」と言ってくれる者、助けの手を差し伸べてくれる者はいなかった。

中国外務省報道官が私のインド訪問に抗議し、「ドルクン・エイサはテロリスト。裁かれなければならない」と発言した。この発言にいくつかの人権団体が注目したが、刑事裁判の監視を行うフェア・トライアル・インターナショナルもそのひとつだった。

実は韓国からの強制送還後の二〇一二年四月にも、その団体のアレックス・ティンズリー氏から連絡があった。私の状況に興味を示し、何度か連絡したが、いつのまにか途切れてしまったのだ。しかし、二〇一六年四月二十九日、フェア・トライアルから再びメールが送られてきた。

「ドルクンさん、かつてご連絡を差し上げたこと覚えていますか。その時、あなたを救う方法がありませんでした。インド訪問の阻害を知り、今、行動を起こすべきだと思いました。インターポールにはまだ問題がありますが、特に政治的な逮捕状については改革の動きが見られます。私たちはインターポールに対し、改革を進め、難民をレッド・ノーティスから除外するよう要請しました。あなたの件は、インターポールのファイル管理委員会による再調査により、決定が変わる可能性があります」

このメッセージは、私にとって慈雨《じう》だった。誰かが私を気にかけてくれている、という事実が心に染《し》み入った。

しかしながら、楽観視することなく慎重でなければ。再調査が行われたとしても、結果は変わらないかもしれない。しかし、この機会を大切にしなければならないと感じていた。スカイプを介してフェア・トライアルと終日語り合った。私の生涯について、大学時代の活動、中国を去ってからの活動について、すべてを語った。中国政府が私を「泥棒、殺人者」と罵《ののし》り、インターポールに持ち込んだこと、そして二〇〇三年に「爆発事件に関与したテロリスト」であると追加し、さらなる糾弾を行ったことなどを語った。

フェア・トライアルは世界の不正と法の悪用と戦うことを掲げる組織だ。彼らが最も重視するのは、インターポールの監視とその体制の改善だ。彼らはインターポールの行動を監視し、詳細な報告書を作成していた。

法律と政策の担当者、ブルーノ・ミン氏と情報を交換し、情報を共有した。契約書が送られ、フェア・トライアルの活動範囲と私を代弁できる範囲が示された。委任状のようなものだ。私はこれに署名し、彼らは私の名前をレッド・ノーティスから削除する方法を模索し始めた。

私が思っていたインターポールのイメージは、犯罪者の追跡と捕捉《ほそく》に全力を尽くす国際組織だった。しかし、実際には、主張を調査する体制も原則も存在せず、虚偽の罪状を捏《ねつ》造《ぞう》しやすい状況だったのだ。中国政府はこの抜け穴を巧妙に利用していた。

不正の共犯者となったインターポールは、中国やロシア、イラン、パキスタンなどから悪用され、レッド・ノーティスは抑圧の道具となっていた。一方、民主主義国家はレッド・ノーティスを無視し、自国の法律に基づいて人々を評価するようになっていた。これにより、反体制派の活動家はレッド・ノーティスによる危険から守られ、インターポールに対する批判の声は高まっていた。

波紋を呼んだメルケル発言

二〇一一年七月、CNNのリビー・ルイス氏が中国やロシア、パキスタンを含む十二カ国がレッド・ノーティスを反体制派抑圧に利用していると報道した。パキスタンのベーナズィール・ブットー元首相やイランの反体制派指導者シャハラーム・ホメヨン氏など著名人の名前が挙げられ、その中に私の名前も含まれていた。その後も多くのメディアや人権団体が、インターポールに関する同様の報告を行っており、その多くに私の名前が記載されていた。

数カ月かけて調査を行った私たちは、二〇一七年一月十一日、インターポールのファイル管理委員会にレッド・ノーティスから私の名前を削除するよう要請した。しかし、北京がその要請を断り、私たちの最初の試みは頓挫した。

結論として、中国の同意がなければ、レッド・ノーティスから自分の名前を除去することは不可能だ。だが、フェア・トライアルは諦《あきら》めず、再度の要請を行おうと提案した。

二〇一七年八月、ドイツ在住作家のドガン・アクハンリがトルコ政府の要請によるレッド・ノーティスでスペインで逮捕され、政治危機が生じた。しかし二〇一七年十月、スペイン裁判所の決定とメルケル首相の介入により、アクハンリは解放され、ドイツに帰還した。同年七月に私もイタリアで逮捕された。いずれの事件もEU加盟国でのレッド・ノーティスの影響を示すものだ。この二つの事件はドイツのメディアや政治家の間で大きな話題となった。

二〇一七年八月、メルケル首相の「インターポール改革必須」との発言が波紋を呼び、規約改定が進められた。新条項「レッド・ノーティスの処理や拡散は、個人がある国に亡命を求めて、その亡命が受諾されたら認められないは、」――そう記された新条項の意義は、私と同じ立場の者たちにとって、大きな関心事だった。

しかし、亡命申請は厳しい条件を要し、対象国の情勢を明らかにする必要がある。また条項発効時、すでに私は亡命者ではなくドイツ市民であり、新条項は私には適用されない。そこで状況再評価と新たな展開模索が必要となった。

中国政府が私に逮捕状を出した際は亡命者だった。その事実をインターポールに訴えることは可能ではないだろうか。

その検討をフェア・トライアルと共有し、亡命申請用文書を英訳し提出した。二〇〇三年の中国からのテロリスト指定に対する陳述、中国の無根拠な主張への反論、二〇〇九年の韓国送還後のゲーリング弁護士とインターポールとの通信をすべて渡した。これを基に、フェア・トライアルは二〇一八年一月に新たな要請書をインターポールへ提出した。

この間、ドイツ政府からインターポールへの厳しい批判が相次ぎ、私の事例が国家レベルの関心事となった。

二〇一六年、メルケル政権下で中東・アフリカ・アジア・中南米相互関係局局長に就任したハルトマン氏が中心となり、ドイツの長官事務局、外務省、連邦警察が一丸となってレッド・ノーティスと対峙《たいじ》した。ハルトマン氏と初めて出会ったのは二〇一四年、彼がアジア太平洋地域局局長を務めていたころだった。彼は私の問題に注目し、密に議論を重ねた。私が独裁体制の犠牲者であることを認識し、この不条理に早急に終止符を打つべく、全力を尽くしてくれた。

広げられたレッド・ノーティス

二〇一七年の八月二日、ハルトマン氏が私をベルリンの長官事務所へ招待してくれた。彼は私たちの携帯電話を手早くオフにし、別の事務室に置いてしまった。その後、彼は私に向き直り、静かな声で尋ねた。

「あなたに対するレッド・ノーティス、あなたはちゃんと見たことがありますか？」

「ちゃんと見たことはありません。フランクフルトで拘禁《こうきん》された時、警察に少しだけ見せてもらいましたが、何が書いてあるのかわかりませんでした」

ハルトマン氏は、そのレッド・ノーティスを私の前に広げた。私はそれを、一字一句、読み進めた。

ドイツ政府は私のレッド・ノーティスの除名に努力するが、それは容易な手続きではない。他の解決策として国際弁護士への依頼があるものの、それには五万から十万ユーロという大金が必要で、私には現実的ではなかった。

ハルトマン氏は全力で支援すると約束したものの、結果は保証できないとも言った。レッド・ノーティスから二人の名を抹消するため、ドイツ政府は努力していた。一人は私、もう一人の詳細は不明。待機中、ドイツ連邦警察からの手紙が私に届いた。

「ドルクン・エイサ氏のレッド・ノーティスは根拠がなく、ドイツでの犯罪歴もない」

海外に行くたびに、頻繁に大使館に連絡を取る必要があり、ドイツの国家安全保障機関も私の問題を深刻に受け止めていた。中国が私の引渡しを要求するたび、ドイツ政府は私がドイツで罪を犯していないことを主張し、要求を退けた。

二〇一七年十一月六日、ハルトマン氏から喜ばしい知らせが届いた。インターポールが私のレッド・ノーティスを文書部門に移したという。これは大きな進歩で、私の情報が秘密に付されることを意味していた。しかし、まだ完全に安心できる状況ではなかった。

消え去ったレッド・ノーティス

ドイツ政府とフェア・トライアルの尽力によって、元中国公安部副部長の孟宏偉《もうこうい》がインターポール総裁を務めていた時期に、私の事例は緊急性を帯びた。私はかねてより孟宏偉の存在が問題解決の障害になっていると感じていた。

一方、インターポールの事務総長は前ドイツ連邦刑事庁副長官だったユルゲン・シュトック氏。インターポールのファイル管理委員会は独立性を保持した組織であり、レッド・ノーティスに関する決断を下す権限を有している。フェア・トライアルは私の再審議を求める要望書を提出し、二〇一八年、ファイル管理委員会の第百三回会議で私の問題が審議された。

証拠とインターポールの独立調査を基に、ファイル管理委員会は私が中国政府の主張する犯罪と無関係で、自国民の権利を守る政治家であると判断し、私の名をレッド・ノーティスから削除することを決定した。

二〇一八年二月二十一日、国連の会議でジュネーヴに滞在中、フェア・トライアルのミン氏から電話があった。

「喜ばしいニュースがあります」

ミン氏の声が耳に飛び込んできた。心臓が高鳴り、興奮で胸がいっぱいだった。フェア・トライアルからの喜ばしい報告とは、間違いなくインターポールの件に関するものである。

「メールをご覧になりましたか。四時間前に送信したのですが」

「いえ、まだです。朝から会議に出席していました」

「インターポールの事務総長から手紙が届きました。二〇一八年二月二十日に、あなたに対するレッド・ノーティスが取り消されたのです。おめでとうございます！」

「ありがとうございます」

感情を抑えて冷静な口調で言った。私は国連の会議の真っただ中、人でごった返すホールにいた。もし他の場所にいたら、喜びの叫びをあげていたことだろう。

ついに、二十一年間もの間、中国政府によって私に課されていた鎖が砕けたのだ。自由の国で、私は自由を取り戻した。正義は最終的に勝利を収めた。

この勝利はフェア・トライアルにとっても大ニュースだった。彼らは全力で私を支援し、記者会見で私の無罪とレッド・ノーティスの撤回を公表した。三日後、公式な決定通知がフェア・トライアルを経由して私の元へ届けられた。この文書にはレッド・ノーティスの撤回証明と私の名前の削除プロセスの詳細が含まれていた。

世界中の友人たちが私の勝利を祝ってくれ、私の名は広く報道された。私はレッド・ノーティスによる困難と、中国が真実を隠蔽《いんぺい》することが裏目に出ると語った。そして、中国政府の虚偽と不正を信じてはいけないと力説した。

ついに、私はレッド・ノーティスから解放された。もはや国連の会議場から追放されることはない。私を支援したいと思いつつ、それが困難だった人々も、今後は公然と私のために語ることができるだろう。

二週間後、私はワシントンD・Cへ向かった。三月七日、世界ウイグル会議、ウイグル人権プロジェクト、フェア・トライアルのアメリカ代表レベッカ・シェーファー氏らと共に、米国国立記者会館で記者会見を開き、レッド・ノーティスの撤回を公表したのだ。

孟宏偉総裁の失踪

私の名がレッド・ノーティスから消え去ることで、中国が激怒することはわかっていた。孟宏偉が総裁在任時にもかかわらず、どうして中国の利害を守れなかったのか。彼はなぜレッド・ノーティスのリストから私の名を削除させないように行動しなかったのか。優位な立場を保持し、権力を握っていたと自負していた中国が、なぜこれに反論することができなかったのか。

インターポールの内部機関の独立性と権力の分散が、孟宏偉による私の問題への介入を抑える役割を果たした。インターポールの総裁とは象徴的な存在にすぎない。日常業務に口出しする権限は総裁にはなく、ファイル管理委員会の専門家たちが下す独立した決定を尊重しなければならない。総裁の主な職務はインターポールを国際レベルで代表し、議会で議長を務めることだ。

しかし、孟宏偉が任命された時、ヒューマン・ライツ・ウォッチやフェア・トライアル、世界ウイグル会議は、独裁国家から来た役人の選出に反対の声をあげた。彼の任命は多数の抗議声明と共に、世界のメディアでずいぶん話題となった。

ファイル管理委員会のメンバーたちは、私の名をレッド・ノーティスから削除するという決定に責任を負っていた。彼らは法の支配を重んじ、政治的な影響から独立して行動する訓練を受けており、原則に基づき行動を行う。彼らの動力源は純粋に正義感だ。

しかし、そのような大局観は中国政府には共有されていなかった。

二十一年間にわたって虚偽の情報を広め、私を傷つけてきた彼らの計画が崩壊したことを受け入れることができず、中国政府は記者会見でインターポールの決定に反対の意を表明した。そして、孟宏偉を無能だと非難した。

レッド・ノーティスから私の名が削除されてから七カ月後、孟宏偉が中国で逮捕されたという報道が一斉に流れた。

孟宏偉は二〇一八年九月二十日にストックホルムから北京へ向かったが、その後、行方不明となった。彼の妻にナイフの画像が送られ、彼が何らかの危険に晒《さら》されていることが明らかとなった。だが、数日経っても彼の所在は特定できなかった。

強制的失踪は中国共産党が用いる最も恐ろしい策略のひとつだ。ウイグル人も多数失踪し、その情報は未だに入手できていない。二〇〇九年七月五日のウルムチ大虐殺の後、多くのウイグル人が中国で失踪している。孟宏偉の妻は、二週間後の十月十日にフランスの警察に通報した。十月、インターポールは中国政府に対して、彼の失踪について説明するよう公式に求めたのだ。

二〇一八年の十月六日、私はジュネーヴにて国連の会議に参加していた。突如、ＢＢＣの記者から電話が入った。生放送での十五分間のインタビューを求められたのだ。

記者は孟宏偉の失踪と、私の名前がレッド・ノーティスから削除されたことの関連性を探るつもりだと告げた。私がその話題についてはコメントできないと伝えた。

しかし、電話は鳴り続けた。中国政府が孟宏偉を逮捕し、取り調べ中だと発表したため、報道関係者たちが次から次へと私に接触を試みたのだ。

私の名前がレッド・ノーティスから削除されたことと孟宏偉の逮捕との関連を誰もが知

りたがった。証拠はないので、その関連性を肯定も否定もできない。だが、執念深い中国政府のことだ。私の名前の削除を防げなかった責任が孟宏偉に押し付けられた可能性は充分にあった。

中国共産党は全員、悪人　(Getty Images)

半年後の二〇一九年四月二十四日、中国の人民法院が孟宏偉に公式に有罪判決を下した。その罪状は収賄《しゅうわい》だった。判決によれば、彼は一千四百五十万元(米ドルでおよそ二百万ドル)の賄賂を受け取ったことを認めたという。中国の役人で汚職をしていない者はいない。収賄罪をもちだしてライバルを粛清するのは、習近平のいつもの手だ。

彼が二〇一三年に権力を手に入れて以来、中国の中央政府や地方政府の役人たちはこの手口によって失脚させられたり投獄されたりしてきた。孟宏偉もまた、数え切れないほどの人々と同じ運命をたどったのだ。

「孟宏偉は君を投獄しようとしていたのに、自分が投獄されてしまったね」

国際的な舞台でインターポールの話が出るたび、友人たちと私は冗談を言い合った。強大な権力を握った独裁政権は国際法を無視し、この世界を不道徳な場所へと変えようとする。だが、私たちが正義を求める闘争を続けるかぎり、その悪は打ち負かせるはずだ。この世界には正義が存在する。それを見出《みいだ》すのが私たちの責任である。私は二十一年間の経験をもとに、そのメッセージを伝える努力を尽くしている。

レッド・ノーティスの亡霊

中国共産党には、正義や人道のような概念が皆無だ。だから、私の名前がレッド・ノーティスから削除されたという事実を受け入れることができなかった。彼らにとって、共産党とその意志を超越する存在は何もない。共産党の意志と相反する何者か、何事か（国際法、人道的政策、公正な評価、モラル、イデオロギー、社会、個人の信念）は、彼らにとって排除すべき敵だ。国際法を無視し、他国の法律を尊重せず、基本的人権を侵害する――それこそが、この政権の本性だ。

中国は長い間、自国の利益を優先するために経済力と外交策略を巧みに操り、国際政策をこなしてきた。弱小国をその旗の下《もと》に集結させ、国連などの国際組織に潜伏し、それを利用してきた中国にとって、インターポールの策が失敗したことは壊滅的な打撃となった。インターポールにとって、中国は最大の寄贈国のひとつだ。それにより、中国はインターポールの総裁の地位を獲得することに成功していた。

「インターポールの事務総長はドイツ人で、ファイル管理委員会の幹部はアメリカ人だ。彼らは偏見を持ち、この件を政治化した」と、国連で不満を漏《も》らした。

二〇一八年四月、ニューヨークの国連本部で開かれる先住民問題に関する国連常設フォーラムへの出席が決まった。私はドイツに本部を置くＮＧＯ、被抑圧民族協会を代表して出席することとなった。

しかし、中国政府はインターポールの決定を拒絶し、「ドルクン・エイサはレッド・ノーティスに載っているテロリストだ」と主張し続けた。そのため、私は出席することができなかった。レッド・ノーティスのリストから私の名前が削除されてから二カ月経っていたが、国連は私に入場のためのＩＤを発行することがなかった。当時、国連経済社会局の次官は中国の外交官である呉紅波《ウホンボ》。彼が国連本部に私を入場させないよう命じたのだ。

そして二〇一八年十二月二十二日、呉紅波は中国中央電視台（ＣＣＴＶ）の生放送のトークショーに出演した。その番組は「熱い論題」と題され、呉は誇らしげに語った。

「公平と中立が国連の原則。然《しか》るに、自国の関心事に触れる時、その公平さが揺らぎ、自国の利害を保護する道を選ぶのです。二〇一七年四月の一例として、新疆《しんきょう》の分離主義者であり、ドイツを拠点とするテロ組織の一員が国連の会議に姿を見せていました。その者を私自身が国連から追い立てました。スタッフは言論の自由への反逆だと主張しましたが、私はすべての責任を負うと伝え、その行動を執《と》り行うよう命じました」

呉紅波自身が語ったこの言葉は、彼自身が国連の職務倫理を侵《おか》すことを自白しているに等しい。これは、国連職員として働く中国人が自国の利益を優先し、国連の原則を脅《おびや》かす証拠だ。また、これは自国の利益に適合しない法や原則を中国が尊重しないことの証言でもある。この番組をYouTubeで目にした私は、国連事務総長であるアントニオ・グテーレス氏に手紙を送り、呉についての調査を要請した。返信は未だに届いていない。

私が国連への入場を拒否されたことが引き金となり、アメリカやドイツ、その他の国々の人権団体が行動を起こし、ＥＵまで巻き込む事態となった。この出来事は国連事務総長の事務局まで届き、私は十日間で四度もアメリカとヨーロッパを往復した。

経済的負担が伴ったが、私は中国政府の真の姿を暴き、打ち破る決意が湧き上がった。私が国連に参加できることを示し、最終的には正義が彼らの不正義に勝利することを、中国の目の前で証明したかったのだ。

一週間も行ったり来たりしていた結果、事務局は私にバッジを発行せざるを得なくなった。私はフォーラムで演説し、中国の東トルキスタンに対する抑圧について詳細に語った。さらに、国連のような機関を使って自分のような人権活動家を攻撃しようとする中国の試みについて、私自身の経験を語った。

私の国連入場は、中国を刺激した。

私がスピーチを終えるとすぐに、国連の中国代表はこう訴えた。

「ドルクン・エイサはレッド・ノーティスに載っているテロリストであり、国連で話す権利などない！」

私の名はレッド・ノーティスから削除されていたが、中国の記録からは削除されていなかった。中国がこれを最後の手段として使い続けたいと考えていることは明白だ。

二十一年間にわたり、中国はこれを国際社会で利用してきた。失敗を認めることは中国にとって受け入れ難いことだ。国連やインターポールといった組織での支配力、そこから得た利益が縮小するという考えが彼らには耐え難かった。

私のような者によって名誉が傷つけられ、面子《メンツ》を失うという現実を中国は受け入れたくなかった。だからこそ、中国は私に対し、闘いを挑み続けたのであろう。その全容を解説するためには、一から話を始めたい。

国連内部に及ぶ中国の影

二〇一三年に権力の座についた習近平は、「中国の夢」を掲げ、その実現のため「一帯一路」という戦略に基づいた計画を推進した。

だが、その「中国の夢」は悪夢だ。世界を従属させ、国々を中国の前に跪《ひざまず》かせる。世界地図を塗り替え、イデオロギーの枠組みを書き換え、最終的には中国に忠実な世界を創り上げる。そんな意図がその夢には込められていた。中国はその策略を「一帯一路」などと華麗に装い、「幸福をもたらすプロジェクト」と宣伝し、真実を覆《おお》い隠した。

そのプロパガンダは見事に機能し、中国の虚偽や詐欺に対してまだ警戒心を持っていない国々を誘い込むことに成功した。だが幸いなことに、多くの国々はその計画を懐疑的な眼差しで見ていた。

二〇一四年以降、中国は莫大な資金を投じて、その国際的なイメージを一新しようと試みた。地位の高い役人に対する賄賂、国連や上海協力機構、世界保健機関、インターポールといった国際機関の支持の取り込み。さらにプロパガンダの拡散、ジャーナリストへの賄賂による中国賛美の記事の発表、人権活動家への脅《おど》し、そして中国に反対する人権団体やその指導者への中傷キャンペーンを展開。すべてが、中国に対する社会的な反発を抑えるための施策だった。

中国政府はまた、「人権団体」や「研究所」「人道主義救済センター」と名乗る、実質的には中国政府の利益を代行する組織、つまり偽のNGOの設立に資金を投じていた。さらに、中国共産党のイデオロギーを宣伝し普及させるため、各地の大学に孔子学院を設立した。中国人留学生に対する資金援助を通じて政府の利益を代弁させ、外国の外交官や研究者、著述家に賄賂を贈り、中国政府の立場を主張させるための手段を尽くしていた。そして中国政府に対する抵抗を試みるウイグル人の団体やそのリーダーを排除するために、あらゆる方法を用いていた。

二〇一四年以降、中国政府が創設したと称される人権団体が国連において声を上げるようになった。その団体は東トルキスタンやチベット、内モンゴルの人々が幸せで平穏な生活を送っていると主張した。彼らはこの地域が過去最高に繁栄しており、迫害などとは無縁だと語るのだった。

パキスタン、アラブ、トルコ、さらにはイタリアといった西側諸国のジャーナリストたちは中国の民族政策を擁護し、その抑圧的な政策を正当化している。ウイグル人やその他の民族が中国共産党の鉄の拳《こぶし》の下でどれほどの圧政を受けているかを隠蔽し、一帯一路政策を讃美し、中国の夢を擁護している。民主主義国家の議会において中国の人権状況について議論する際、名高い大学の教授たちが中国を讃美し、その政策を正当化するような発言をしている。彼らは中国共産党の統治下でウイグル人や他の民族が迫害されているという報道はすべて偽りだと断じている。

第三国の大使の中には、中国のプロパガンダをまるで教科書通りに述べ始める者も出現した。キューバ、ベネズエラ、イラン、サウジアラビア、パキスタン、ロシアといった独裁体制の国々は常に中国と蜜月《みつげつ》の関係にある。

中国は公的な支援を得るための新しい手法を探し、私たちの正義を一層否定するようになった。だが、そのような状況の中でも、東トルキスタンの人々の自由のための私たちの闘争は続いている。年に三回開催される国連人権理事会、五年に一度行われる全国連加盟国の人権記録を再審査する普遍的定期的レビュー、先住民族フォーラム、マイノリティフォーラム、人権とビジネスに関するフォーラム、国連の条約機関の会議など、すべてがウイグル人への中国の圧政についての認識を高める機会となっている。

また、国際社会が中国政府を評価し、判断する機会となる。ウイグル、チベット、南モンゴル、香港の人々、そして亡命者の人権団体、国際的な人権団体はこうしたフォーラムを利用し、年々悪化する中国の人権状況を訴え続けている。そして中国はそれに苛立《いらだ》ちを感じている。中国はいつも、私や世界ウイグル会議の代表が国連の会議に出席することを阻止しようとしてきた。中国は国連事務総長にまで圧力をかけ、国連の原則に違反する行為を行った。そしてそれは二〇一七年の出来事が証明しているのだ。

国連からの追放

国連人権理事会の会議（私は一九九九年から出席している）はすべて、ジュネーヴで開かれる。

二〇一七年四月二十四日から五月五日まで、先住民問題に関する国連常設フォーラムの会議へ参加するため、私はニューヨークを訪問。初めての参加だった。世界ウイグル会議は国連経済社会理事会の参加資格がなかったため、長年、私がメンバーである被抑圧民族協会から参加申請を行った。

二〇一七年の四月二十三日、私の足はニューヨークの地を踏んだ。ワシントンD・Cからは、同じく世界ウイグル会議の理事長であるオマル・カナットも到着した。翌朝、私たちは事務局に足を運び、IDカードを受け取った。二十四日には先住民族に関するフォーラムの会議に出席。次の日も、重要と判断した会議に参加した。

しかし、三日目、予期しない出来事が起こった。

休憩中、コーヒーを飲みにホールへと向かった時、三人の姿が私に近づいてきた。一人は国連の警備員の制服だ。

「失礼します。あなたのバッジを見せていただけますか」

私はＩＤカードを渡した。

「あなたの身分証を見せていただけますか」

それにも私は従った。

「国連から今すぐ出てください」

「なぜですか」

「セキュリティ上の理由です」

私は説明を求めた。

「説明はできません。でも、直《ただ》ちに出てください！」

口論になった。その騒ぎに二人の警備員が現れ、周囲は野次馬で賑《にぎ》わう。警備員の厳しい態度に私は戸惑った。

「ご協力ください。そうすれば、強制的に連れ出さなくてすみます」

「理由がわからないかぎり、出て行きません」

「私たちにも理由がわからないのです。所属団体とフォーラムの職員に話すよう頼んでください。これは上の命令です」

この場で口論しても意味がない。警備員の命令に従うしかない。オマル・カナットが私の荷物を取ってきてくれ、四人の警備員に連れられて建物を出た。恥ずかしかった。

国連本部を出た後、被抑圧民族協会のウルリッヒ・デリウス会長に連絡した。彼はフォーラムにメールを送ったが、国連からの返答は「調査中」だけだった。結局、一週間後にミュンヘンへ戻った。

フォーラムでは、代表者は短いスピーチの機会を得る。三分の時間は苦難を伝えるには足りないが、私たちは最善を尽くす。オマル・カナットがウイグル人を代表して壇上に立ち、厳しい現状と私が国連から一方的に追放された事実も告げた。私に対する不当行為はウイグル人への抑圧として世界中に拡散した。

五月十九日、十五の国際的な人権団体が、この事件について詳細な説明を求める共同声明を発表した。その中には、チャイナ・チェンジ、ヒューマン・ライツ・ウォッチ、そして世界ウイグル会議などが、その名を連ねていた。

もちろん、それだけでは終わらない。これは人権に関することで、圧政と正義の狭間《はざま》で繰り広げられる闘いだ。また、国連という国際的舞台で、中国の覇権主義的な態度と、国連の原則を踏みにじり悪用するその手口に対抗し、立ち上がることに関する問題だった。

それは中国政府とウイグル人の闘争の象徴でもあった。私たちは権利を取り戻すために戦うべきだと考えた。

この一件について、被抑圧民族協会やヒューマン・ライツ・ウォッチといった団体と共に、国連の関係者と接触を試みた。人権擁護者に関する、国連特別報告者であるミシェル・フォルスト氏に謁見《えつけん》し、国連人権担当局次長のアンドリュー・ギルモア氏に不服申し立てを行い調査を要請。その後、ギルモア氏の特別秘書官と補佐官たちとの電話インタビューを行い、国連が人権擁護者の権利を守れなかったという失望感を伝えた。

ヒューマン・ライツ・ウォッチはジュネーヴの国連事務局で記者会見を開き、「国際的唱道のコスト：国連人権機構への中国の干渉」と題する報告書を公開した。

私が国連から退去させられた事実を主要なテーマとして取り上げたこの報告書は、中国が国連を操作し人権活動家への妨害を行っていることを暴露した。

この報告書はメディアだけでなく、西側諸国の政府と世界中の人権活動家たちの視線も集め、民主主義と独裁主義との覇権争いの新たな幕開けとなったのだ。

国連に及ぶ中国の牙

二〇一八年一月、先住民問題に関する国連常設フォーラムの第十七回会議に出席するための申請を行った。約一カ月後に申請許可が下りた。

前年に国連の建物から追い出された事件が各メディアに注目されていたので、私が再び会議に臨むというニュースが伝わると、ジャーナリストや国際団体は、新たな騒動が起こるかと興味津々《しんしん》だった。

会議は四月十六日から二十七日までの予定だ。私は直前の四月十三日から十五日まで、イタリアのペルージャで開催される国際ジャーナリズム祭に招かれている。その後すぐに会議へ向かえるよう飛行機やホテルを手配した。四月十三日、国連経済社会局から私の参加登録がセキュリティ上の理由で未確定の状態にあるというメールが届いた。

すぐに、国連人権担当局次長のアンドリュー・ギルモア氏の事務所のタリン・レッサー氏と、ヒューマン・ライツ・ウォッチ中国部局のソフィー・リチャードソン氏へ状況をメールした。

レッサー氏とリチャードソン氏からの返信を受け、予定通り四月十五日にニューヨークへ飛んだ。オマル・カナットとともにバッジ受け取りに国連事務局へ向かった。カナットはバッジを受け取ることができたが、私は拒否された。理由は不明だ。警備員が現れ、昨年追い出されたのになぜ再び戻ってきたのか問い詰められた。

出席が可能な通知書を見せたが、「調査中で入室不可」と言われてしまった。国連を去り、レッサー氏とリチャードソン氏、ドイツ外務省に連絡した。

レッサー氏からは迅速な返答があった。「国連のビジターカードを使用して、あなたをフォーラムに入れましょう。詳細はその場で話し合いましょう」と彼女は提案した。

私はレッサー氏と直接顔を合わせるのは初めてだった。国連本部の前でレッサー氏に会い、彼女が私をビジターカードで建物内へと案内してくれた。アンドリュー・ギルモア氏が私を温かく迎えてくれ、すべてを彼に伝えた。彼からは、関連部署とすでに話し合いを進めているという返答があり、可能なかぎりの助力を約束された。

リチャードソン氏は米国国務省と国連アメリカ代表団に連絡を取り、支援を要請した。私たちは国連ドイツ代表にも会い、関連部署の当局者と話す約束を得た。しかし、三日間が過ぎても何の進展もなかった。

感動したアメリカ大使の言葉

四月十八日の午後、先住民問題に関する国連常設フォーラムの事務局から意外なメールが届いた。

「あなたの出席は認められました。会議に参加できます」

事態は解決だ。ギルモア氏の尽力と、アメリカやドイツの圧力が報われたと、私は安堵《あんど》した。その後、ケリー・カリー大使の事務所からメールが届いた。カリー大使は国連のアメリカ副代表だった。

メールには「ケリー・カリー大使があなたに会いたいそうです。できれば、国連のアメリカ代表団事務所にいらしてください。バッジがもらえるよう支援いたします」と書かれていた。

再度、バッジ取得の場で問題が起こることを避けたい彼らの意図は明白だった。私はその申し出を喜んで受け入れ、そう返信した。

四月十九日の早朝、私はアメリカ国連代表団事務所にてカリー大使に謁見した。手短な会話の後、私たちは二名の職員を伴い、バッジ受取事務所へと向かった。私は各種書類に記入し、自身が認可された旨《むね》が記載された電子メールを事務局員に手渡した。だが、局員はモニターを覗《のぞ》き込みながら、私の認可は保留中だと冷静に告げた。カリー大使が事務局員に話しかけようとしたところで、前回の警備員が姿を現した。

「君を前に追い出したのは昨日のことだろう。戻って来るなと言ったはずだ。なぜ、ここにいる？」

私が答える前に、カリー大使が丁寧な調子で応じた。

「私たちがこの方をお連れしたのです」

「あなたには聞いていません。この人に聞いてるんです」

私たちは皆、困惑した。自分のせいでアメリカ大使がこのような扱いを受けている、決まりが悪かった。

カリー大使の秘書であるセヴァスティ・パンデルマラキス氏が、憤慨して警備員に近づいた。

「誰に対して話しているのか、理解していますか？　この女性はケリー・カリー大使、国連のアメリカ代表ですよ！」

今度は警備員が居た堪《たま》れない思いをした。彼はすぐさま謝罪し、言い訳を始めた。

「彼を国連の建物に入れるなと言われています。だから、退去させたのです。あなた方が誰かはわからず、失礼しました」

「この問題を解決するために来たのです。上司を呼んでいただけますか？」

カリー大使が申し出た。

少し経ってから上司が現れ、カリー大使に対して挨拶し謝罪した。

「この男が誤解していたようです。申し訳ありません。少しお待ちいただけますか？　現在、調査を行っております」

それから半時間以上が経過したが、答えは出なかった。不安が募る。アメリカの国連大使が警備室に座り込み、私と一緒に待ってくれているのだ。

「カリー大使、お時間を取ってしまい、本当に申し訳ありません」

「何をおっしゃっているのですか、エイサさん。あなたが謝る必要などありません」

彼女は丁寧な口調で言った。

「私がここにいるのは、まさにこうした問題を解決するためなのです。今や、これはあなたの問題ではなく、私の問題となっています。私がこれを解決すべく責任を持つべきです」

親切な言葉をかけられ、私は感動した。アメリカや国連に、このような素晴らしい人がもっといてくれたらと、私は思った。待っている間、私たちはウイグル人の現状や、彼らに対する中国の抑圧について語り合った。

一週間にわたる外交戦

三十分過ぎたころ、カリー大使がアメリカ代表団事務所で待とうと提案してくれ、そこへ向かった。

二時間が経過したが、依然として返事がない。警備上の理由から、電話やパソコンは事務所内に持ち込むことができない。誰とも連絡できず、メールも確認できないためホテルで待機したいとカリー大使に伝えた。大使は、新たな情報が入ったらすぐに連絡をくれると約束した。

ホテルで待機していたが、その日も翌日も、返事はなかった。

絶望的な気持ちだったが、ドイツやアメリカ、ＥＵの代表団が動いてくれていることを知った。彼らと国連、中国との間で、この一件は深刻でデリケートな問題となっていた。アントニオ・グテーレス国連事務総長の耳にもこの問題が届いていた。彼は、国連の方向性を定める重大な決断を下す責務を背負っていた。

一週間が経った。アメリカ、ドイツ、ＥＵ、中国という大国たちの間で繰り広げられる外交戦は激しさを増し、それでもなお結論は出ず、想像していた以上に複雑な状況だった。

世界ウイグル会議の理事会の第四回年次会合が、四月二十三日から二十五日にかけてアントワープで開かれる予定だった。理事とウイグル人団体のリーダーたちが集まり、過去半年間の活動を評価し、これから半年間の計画を立案することが目的だった。

会議後の四月二十七日には、ブリュッセルの欧州委員会前で五千人規模のデモを行う計画が公表されていた。世界四大陸の二十カ国以上からウイグル人が集まるこのデモは、散り散りとなったウイグル人にとっては歴史的な規模のものだった。

私は遅くとも四月二十二日までにブリュッセルに到着したかった。

ところが、四月二十日を迎えても国連からの返事はない。やむを得ず、四月二十一日の土曜日にニューヨークを発つことになった。ブリュッセルへの移動前に、ドイツ代表部とアメリカ代表部の職員と会った。

「もう少し待てば、この問題は解決するだろう」と言われた。会議とデモが控えているため、一旦ブリュッセルに行くが、それが終わったらすぐに戻ると伝えた。彼らも連絡は続けるので、楽観的に待っていてほしいと言った。

敗北した中国だったが

四月二十三日、月曜日。アントワープにて世界ウイグル会議の理事会が開催された。タイトなスケジュールで、やることが山積みだった。

夕方、国連のドイツ代表団およびアメリカ代表団からのメールが届いた。その内容は、待望の国連入館許可の取得だった。速やかにバッジを受け取ることを勧める文言《もんごん》も添えられていた。だが正直、ためらっていた。万が一、ニューヨークに向かった先で新たな予期せぬ問題に遭遇したら、開催中のブリュッセルでの会議を欠席することになる。世界ウイグル会議の総裁として、会議の場に不在という選択肢は許されないが、国連の舞台で中国に対して一矢《いっし》を報いることも重要と考えた。

世界ウイグル会議の他のリーダーたちと協議した結果、全会一致で私はニューヨークへ戻るべきとなった。火曜日、ニューヨークへととんぼ返り。水曜日の早朝、国連ドイツ代表団のケーラー・ピット氏に伴われ、バッジ受け取りのため事務局へと足を運んだ。

今回は何の問題もなく、バッジが手に入った。一週間にわたる外交戦はついに終結し、こちらの勝利となった。二〇一七年に退去を命じられた国連本部への再入場を果たし、国連での発言権を取り戻した。

スピーチでは、中国政府が東トルキスタンにて行っている信じがたい圧政について説明し、国連のスタッフに以下のような勧告を提出した。

特権を悪用し、国連を操作し、人権活動家を傷つけ、その権利を乱用する国々が存在する。私の経験は、その実証である。二〇一七年に、私は国連本部から追放された。今年も再度追放され、国連のバッジの発行が一時停止されたことで、一週間待たされた。幸運にも、アメリカ代表団とドイツ代表団の援助を受け、この会議に出席できた。

国連は、創設時の原則を忘れてはならない。国際団体や人権活動家、各代表者たちが、ここで自由に発言できるべきだ。彼らの安全が保障され、声なき人々や不公平な扱いを受ける民族の声が、このフォーラムで反映されるべきだ。そして、中国のような独裁政権が国連の原則を侵すことは、断じて許されるべきではない。

私の勧告は、多くの政府の代表たちから温かな歓迎を受けた。しかし、会議の出席者には中国代表も含まれている。彼らの顔には不快感が如実に浮かんでいた。中国代表はこう主張した。

「この男はドルクン・エイサと言い、被抑圧民族協会を代表してここにいるが、実のところ、彼は世界ウイグル会議の総裁だ。その男はレッド・ノーティスに掲載されたテロリストなのだ。世界ウイグル会議というテロ組織のトップを、国連の会議に招くべきではない」

その言葉に議場は一瞬、ざわめきに包まれた。

私は反論するため手を挙げたが、議長からその機会は与えられなかった。会議においては、一般的に反論の機会は許されない。だが、もし発言の機会があったなら、私は彼らの誤った主張――私がまだレッド・ノーティスに載っているという――を力強く否定しただろう。私の名前が二カ月前にそのリストから除去されていることを、中国代表は誤魔化そうとしているだけなのだから。

ありがたいことに、ドイツとアメリカの代表から私を擁護する言葉があった。ドイツの代表は、私がドイツ市民であり、法を遵守《じゅんしゅ》する二十年間のドイツ在住歴を明かした。彼らは揃って、中国による私への主張には根拠が欠けていると言い放った。インターポールからのレッド・ノーティスは撤回されているにもかかわらず、中国代表はそれを依然として事実だと主張しているのだと彼らは指摘した。

ドイツは、経済的な関係から中国を慎重に扱い、外交的にソフトな言葉遣《づか》いを選んでいた。だがそれと同時に、彼らは常に正義の側に立ち、国際法を尊重していた。そして何より、ドイツは自国の市民を守るという決意を決して諦《あきら》めなかった。中国から私を守るために、彼らは力を振り絞って行動したのである。

一年間にわたるこの騒動は、ついに幕を閉じた。私は勝った。正義が勝利したのだ。私を守った西洋の民主主義国は、中国以上の力を示した。中国はその経済力と外交的な圧力を駆使し、一時は私を追い詰めたが、今やその面目は地に落ちた。

勇気あるひとりの女性

その後知ったことだが、この一連の事件がアメリカ、ドイツ、EU、そしてその他の民主主義国の介入を経て、国連事務総長の耳に入ったという。そして事務総長は、中国の圧力を受けていた国連の職員に直接、国連の原則に従い、正義を支持するよう強く指示したのだ。

実は、二〇一三年にも同じようなことがあった。中国はニューヨークの国連本部だけでなく、ジュネーヴの国連事務所にも潜り込んでいたのだ。私たち世界ウイグル会議は五名の代表団をジュネーヴの国連人権理事会の会議へと送った。初日二日は平穏だったが、三日目に警備員が現れ、「ただちに国連から立ち去るように」と命じた。

周囲が注目したころ、ステージ上の女性が近づいて来て、「何が起きているの？」と問いただした。彼女が介入し、私たちはその場に留まることができた。その女性が誰だったのかは、四年後になって初めて判明した。

二〇一七年、私が国連本部から連れ出された事件は、二カ月間メディアの注目を集めた。その後、エマ・レイリーという人物からメールが届いた。彼女は国連人権高等弁務官事務所のスタッフで、そのメールには以下の内容が書かれていた。

「無事にメッセージが届くことを心から願っています。二〇一三年にあなたがジュネーヴを訪れた際、私はあなたと短い時間、お目にかかったことがあります。国連の警備員があなたと世界ウイグル会議の仲間を部屋から追い出そうとしているのを見かけ、私は介入し、やめるように申し入れました。今回、非常に深刻な問題について連絡させていただきます。

二〇一三年二月、そしてその後も度々、私は上司に対し、人権活動家のリストを中国政府に引き渡し、その出席を告げる行為について疑義を呈してきました。この行為は明らかに規則に違反するものであり、残念ながら、国連人権高等弁務官事務所の高官はこの要求を拒否しませんでした。あなたの名前もリストに含まれ、それは中国に渡されました。

私は上司を説得しましたが、まったくの無駄でした。あなたの人権を尊重するよりも政治が優先され、私の介入が大いなる効果をもたらさなかったことを深くお詫び申し上げます。しかし、意見を述べたのはいちばん若い私一人でした。国連人権高等弁務官事務所が何の行動も起こさなかったため、私はその事実を（著名な人権活動家の曹順利《ツアオシユンリー》が行方不明になった直後に）EUに報告し、さらにはアイルランド政府にも報告しました」

エマ・レイリー氏が私を助けた人物であることを、私はここで気づいた。二〇一七年、ジュネーヴの会議で彼女と会い、多くの事実を学んだ。その結果、中国が国連にどれほど影響を及ぼしているかが明らかになった。しかし、国連にはレイリー氏のように職業倫理を貫く人々もいた。その人々は職業倫理と組織の原則を守り抜き、人権や国連の規範を保護し、それを破壊しようとする中国のような独裁国家に立ち向かうことで、自身が大きなリスクを負うことを受け入れていた。

レイリー氏は国連の非合法行為に気付き、警告したが、高官たちはそれに耳を貸さなかった。中国大使館からの要請に応え、国連の高官たちはウイグル人やチベット人、中国人活動家の情報を中国政府に渡し続けていた。レイリー氏はこの慣行を止めさせるため、国連の中で闘いを挑んだ。だが残念ながら、彼女の上司たちは中国との協力を続けた。

レイリー氏がこの問題を国連人権高等弁務官や事務総長に報告したにもかかわらず、彼女はリスクを背負い、職を失う可能性に直面した。しかし彼女は決して屈することなく、二〇一七年に訴訟を起こし、メディアを通じて真実を公にした。その結果、最終的に国連の高官たちは悪事を認めるしかなくなった。

二〇二〇年七月、国連人権高等弁務官事務所のルパート・コルヴィル報道官はこう述べた。

「政府に会議の出席者名簿を提供するという慣行は、二〇一五年に廃止された。そして、レイリー氏が主張していた国連人権高等弁務官事務所の不適切な慣行については、そこが何の行動も取らなければ、人権活動家を危険に晒す可能性があるという点に注意が払われることとなった」

中国代表とアメリカ代表が火花

中国が国連での私の発言権を奪うことに失敗した後、国連の中国代表部は国連NGO関連委員会覚書を提出し、被抑圧民族協会の顧問の地位を撤回し、私が国連の会議に出席することを拒否するよう要求した。二〇一八年五月二十一日、ニューヨークで開かれた国連NGO関連委員会で、中国の口上書をめぐり、中国代表とアメリカ代表が火花を散らした。最初に発言したのは中国代表だった。

「我々中国代表団は、被抑圧民族協会の顧問の地位を剝奪《はくだつ》するよう求める。この要求は正式に提出し公開されている。理由は既知だが、三つの重要なポイントを言おう。

第一に、被抑圧民族協会は中国に対抗しているテロリストであるドルクン・エイサ氏を国連に派遣している。彼は二〇〇三年に中国のテロリスト名簿に記載され、東トルキスタン解放組織の副総裁としてテロ行為を助長してきた。彼がテロリストである証拠は多数ある。

第二に、ドルクン・エイサ氏と彼の組織は新疆の独立を求めている。彼は現在、世界ウイグル会議の総裁で、独立国を作ることを目指している。これは中国の主権と領土統一を脅かすものだ。

第三に、ドルクン・エイサ氏は被抑圧民族協会名義で国連の先住民問題に関するフォーラムに参加したが、世界ウイグル会議を代表していると主張した。しかし、世界ウイグル会議は国連の顧問ではなく、参加権利もない。これらは国連の原則に反している。

したがって、被抑圧民族協会の顧問の地位を取り消すことを強く求める」

会議は、全国連加盟国が参加し、ライブ配信も実施される壮大な舞台だった。

世界ウイグル会議が国連の経済社会理事会の顧問になろうとするたび、その試みは国連NGO関連委員会によって退けられていた。中国は、私が国連の会議に足を踏み入れることを防ぐ手立てとして、被抑圧民族協会をNGOの顧問の立場から外すことを画策していたのだ。

中国代表の発言後、アメリカ代表が手を挙げた。

「中国代表の要請に対し、二〇一七年五月二十三日の事務総長の報告書を引用したい。報告書には、ウイグル人の活動家、ドルクン・エイサが国連本部から退去させられた記述がある。これは彼が国連の先住民問題に関するフォーラムに参加中の出来事で、市民社会活動家への報復行為の一例とされている。これも報復行為の一部とみるべきだ。

委員会は共犯者になってはならない。報告書は新たに届けられ、エイサは許可を得て参加していた。国連の警備局が彼を危険と見なしていたなら、バッジ発行はなかったはずだ。警備局は規則を厳格に守っているからだ。

彼がテロリストなら、警備局は彼を入れず、アメリカも彼を入国させなかった。事実を見極め、双方の意見を検討するべきだ。私たちはこの問題に対し、慎重な注意を払わなければならない。事務総長の報告書を全委員が読むよう強く要請する」

このアメリカ代表の発言が火蓋《ひぶた》を切り、二つの大国間で議論が白熱した。その時、カリー大使が現れた。アメリカ代表の隣に座り、事務総長の報告書を熱心に読んでいた。

カリー大使が中国へ反論

アメリカの見解後、ドイツとEUの代表が発言。ドイツ代表は次のように述べた。

「被抑圧民族協会の国連顧問地位剝奪要求に衝撃を受けた。この協会は独立した人権団体で、消滅の危機に瀕する民族や信仰を持つ人々のために活動している。ドイツに本部を構え、一九九三年に経済社会理事会で地位を得て、多くの国際会議に参加している。

ドルクン・エイサ氏は長年協会のメンバーだ。エイサ氏に対するテロ組織との連携を主張する声があるが、その根拠は見当たらない。警備局の責任者は彼を脅威と見ていない。エイサ氏のレッド・ノーティスは取り消され、エイサ氏はドイツの市民で、主張の証拠はないとの報告がある。すべて踏まえると、被抑圧民族協会の顧問地位剝奪の根拠は存在しない。これはNGOやエイサ氏への報復に過ぎない。国連事務総長も昨年のエイサ氏の締め出しを報復と認識している。

全代表に、被抑圧民族協会の顧問地位剝奪反対を強く求める。ここを報復の場にするな。手順を踏み、NGOの意見を尊重しよう。世界人権宣言採択七十周年の年に、その精神を尊重しようと訴えたい」

ドイツおよびアメリカの代表による発言は、中国代表団への正当な反論だ。続いてEU

代表団も同様に、中国の行動に対する疑念を述べ、急な決定は避けるべきだと主張した。

次にロシア、キューバ、イラン、パキスタンの各代表が話したが、通常は中国を支持する彼らが、被抑圧民族協会の顧問地位剝奪と私の国連締め出しという中国の提案を明確に支持しなかった。事務総長の報告書が影響を与えたか、あるいは中国の主張に根拠がないとしたからなのかは定かでない。しかし、彼らは全員、「中国がこの問題に十分な時間を確保することを感謝する」との意向を示した。

イスラエル代表は、簡潔にドイツとEU代表を支持し、その直後に中国代表が発言した。

「イスラエル代表はドイツとEUの意見を唯一の真実とみなすべきではないと断言する。我々の見解も評価していただきたい。エイサ氏にはテロ支援を含む問題があり、その証拠が我々にはある。彼は我々の主権と領土を脅かし、国連の規則に背《そむ》いてきた。これにより、中国の提案は報復ではなく、国連の目標と原則を守ることが目的だ。

アメリカ代表が報告書を引用したが、我々はその報告書の偏《かたよ》りを理解している。だからこそ、我々の行動は報復ではないと確信しているのだ。アメリカがエイサ氏にビザを発行したが、それは彼が無害である証拠ではない。また、ドイツ代表がエイサ氏をドイツ市民と言ったが、エイサ氏は過去に多くの罪を犯してきた。

エイサ氏の市民権は、彼が無害である証拠ではない。テロとの戦いでは一貫した基準が必要だ。エイサ氏が中国で危険を引き起こす可能性があるため、『人権活動家』と呼ぶことは公平ではない。ダブルスタンダードを避け、我々の提出した証拠の再評価を望む。

最後に、レッド・ノーティスからの削除は政治的で、すべてが裏で行われたものだ。この事実に対し我々は懸念を示している。また、この団体には返答の権利が認められている。金曜日まで判断を待つべきだと考える」

カリー大使が発言した。

「今日は悲しい日です。私たちはこの委員会で、イスラム教に対する中国の戦いを支持しつつ、イスラム教の保護者であると主張する国々を目にしました。人権と信仰の自由を推進する者が中国にテロリストとされています。その糾弾にはまったく根拠がありません。

何年にもわたり、中国がドルクン・エイサ氏と世界ウイグル会議に対して繰り返し主張してきた事柄を私たちは見てきました。証拠は未だに出ていません。だから、アメリカは彼に十年の入国ビザを発行しました。彼は犯罪歴のないドイツ市民です。アメリカ高官はしばしばエイサ氏に会っています。テロ活動にエイサ氏が加わっているとしたら、そのような人物がアメリカの国土を自由に歩き回ることをアメリカが許すと本当に思いますか？

これは中国の報復行為です。ワシントン・ポストの論説を見て、中国が新疆ウイグルをどう扱っているかを知りましょう。『少数民族のアイデンティティを破壊するための、中国の矛盾したキャンペーン』という見出しの記事です。論説には次のように書かれています。

『中国は少数民族のアイデンティティを破壊するための、矛盾したキャンペーンを企《くわだ》てている。それは、最北西の新疆地域に住んでいる、ウイグルのイスラム教徒に対する活動だ』

これを裏付ける証拠はたくさんあります。ワシントン・ポストとアソシエイテッド・プレスが収監されていた人たちにインタビューをしています。ウイグル人が、自分自身の文化を遅れたものだと非難し、イスラム教徒のアイデンティティを捨てることを強要されていることがわかっています。お祈りをしたり、長いシャツを着たり、子供にコーランを教えたり、赤ん坊にイスラム教の名前を付けたりしたウイグル人は、懺悔《ざんげ》するよう強要されます。

中国政府は百万人以上のウイグル人を強制収容所に閉じ込めています。今日の協議事項はこれにするべきです。この会議では被抑圧民族協会の顧問の地位について議論するのではなく、声なき同胞の声を世界に知らせようとしている一人の男性の発言権を守ることについて議論するべきです。これが、国連創設の目的なのではありませんか。

国連はそうした人々の権利と民族自決を守るために創設されたのではありませんか。ドルクン・エイサ氏がテロリストだという中国の主張が正しいかどうか、国連は調べるべきです。もしそれが本当であれば、彼が国連の会議に参加したり、アメリカに入国したりすることはもうできなくなります。中国が証拠を示せていない以上、被抑圧民族協会がテロを犯しているという主張は受け入れられません。この不当な要求の撤回を求めます」

国連で初めて口にされた言葉

カリー大使は熱意を込めて表現し、三つの重要な論点を明確に指摘した。

一つ目は、強制収容所。国連で口にされるのはこれが初めてだ。

二つ目は、「ドルクン・エイサ氏と組織がテロに関与」という中国の主張の否定。彼女は主張に証拠がないとし、報復だと糾弾した。

三つ目は、アメリカの高官がエイサ氏と頻繁に会う事実。これは中国の主張を否定し、私が守護されていることを示すメッセージだった。この演説は中国にとって不快だったようだ。

カリー大使の次にイギリス代表がEUの見解への支持を述べ、その後、中国代表は言った。

「カリー大使が感情的に話す理由はわからない。彼女がアメリカ大使になる前、新疆調査プロジェクトに関与していたと聞いている。そのプロジェクトには新疆地方を中国から分離させようとする人々を支援する意図があったのではないかと疑っている」

中国代表の発言に、アメリカ代表団が異議を唱え、カリー大使の補佐官が口を開いた。

「議長、中国代表のアメリカ大使への攻撃は不適切だ。お互いの意見を尊重すべきだ。個人攻撃や無礼な行動は許容できない。こんなことは初めてだ！」

議長は「ＮＧＯの情報の範疇《はんちゅう》に留まり、不適切な話題には踏み込まないこと」「政治的論争には深入りしないこと」と忠告した。

微笑みを浮かべた中国代表は、発言の続行を求めた。

「私は個人攻撃しているとは思わない。大使が指摘した中国政府の少数民族差別政策についてだが、我々はウイグルを含む民族の保護に全力を尽くし、信仰、言論の自由を尊重し、経済発展へ投資している。大使が引用した論説は、偏見のある西洋メディアのもので、客観性、公平さを欠き、根拠はない。次に、エイサ氏についての証拠提出要求について、我々はすでに証拠を提供している。

しかし、これを軽視する国が存在するのはダブルスタンダードだ。エイサ氏とその組織は中国の犯罪行為と関連し、安全保障上の脅威である。他国批判時にダブルスタンダードが適用され、我々に対する時は事実を曲げる。感情的反応や政治化は避けるべきである」

議長はこれ以上の議論を許可せず、提出された情報に基づく判断は五月二十五日に下されると通告した。会議の全員が疲弊し、二時間に及んだ会議は終了した。

しかしながら、その後も意見の相違や対立が続き、決定が公になったのは五月三十日だった。結果、中国の計画は再度失敗に終わった。

被抑圧民族協会の顧問地位剥奪、私の国連会議参加資格剥奪要求も退けられた。後に知ったことだが、中国代表と西洋諸国の代表間で緊張した交渉が繰り広げられていたという。

第八章

ウイグル強制収容所

天井のない監獄

二〇一六年から、前例のない残虐行為が東トルキスタンの地で起こるようになった。二〇一七年には、事態はひどく悪化した。大量虐殺、容赦ない逮捕と重刑判決、閉鎖された「再教育」収容所への人々の隔離、強制的な洗脳、言語や信仰、伝統の抹消――すべてがウイグル人に強《し》いられた新たな日常となったのだ。世界で最も弾圧的な国で、二十一世紀になってもこのような事態が繰り広げられている。

ナチスドイツの恐怖を見て、「二度とこれを繰り返さない」と誓った世界が、何十年も後に、私たちの祖国で再びジェノサイドが行われている現実を目《ま》の当たりにしたのだ。ディアスポラの生活を強いられているウイグル人たちは、骨まで凍る恐怖を覚えた。私たちは中国の残虐行為を暴露し、このジェノサイドの証拠を探したが、それは困難な道のりだった。

中国共産党は「一人の収監者も逃がさない」というポリシーを掲げ、情報を厳格に統制し、私たちと故郷との連絡手段を断ち切ったのだ。断片的にしか得られない情報やニュースを見ると、不安は増大した。

中国の真実を解き明かすため、世界ウイグル会議の幹部は中国の強制収容所に関する証拠を収集すべきだと考えた。中国の最近の政策を明らかにし、重要なテーマに焦点を当てた報告書の作成に着手したのだ。

二〇一七年、東トルキスタンで実際に何が起こっていたのか。

ウイグル人の置かれた状況は、報道を通じてある程度知ることができた。しかし、東トルキスタンの現状を正確に理解することは、どんどん難しくなっていった。報道と情報の流出が厳しく制限され、時が経つにつれて特定のニュースが他よりも多く流布《るふ》され、私たちの目を曇らせてしまったからだ。

北京の中央民族大学のイリハム・トフティ教授は、国際的に数々の賞を受賞し、ウイグル人と中国人の対立を対話によって解決する道を示した人物だが、終身刑を受けていた。しかし世界はそのことを知らない。不当に投獄され、長い懲役を宣告された、何百人、何千人ものイリハム・トフティたちの存在を。

憲法と、刑法を含む中国の法治は、東トルキスタンには適用されない。その証拠に、ウイグル人の大規模かつ任意的な監禁が存在している。特に、かつて中国共産党チベット自治区委員会書記を務めていた陳全国《ちんぜんこく》が二〇一六年八月に「新疆《しんきょう》ウイグル自治区」への異動を命じられて以降、東トルキスタンでは「天井のない監獄」と「警察国家」の悲劇が増えたのである。

陳全国がその地に足を踏み入れるや否や、「三つの悪」（分離主義、テロリズム、過激主義）との闘争という名の下《もと》に、組織的な活動が始まった。監禁という権力の乱用、刑罰の執行は、あたかも法律が存在しない世界で行われているかのようだった。警察の検問所は東トルキスタンの隅々にまで設置され、それは陳がかつて務めたチベットと同じ様相を呈していた。

二〇一六年十月はじめ、ウルムチを出発する国際便は突如として運航を停止。「新しくする」という理由により、ウイグル人のパスポートが次々と回収され、二〇一七年までに海外に出た者は、旅行の理由を問われ、海外に親戚がいる者もまた同様だった。その後、この人々は強制収容所の最初の犠牲者となった。陳が建設したこの「再教育センター」は、東トルキスタンの無数の人々を苦しめる舞台と化していた。

この時、私たちはまだ十分な証拠と資料を手にすることができず、報告書を作成することもできなかった。しかし二〇一八年以降、中国から流れ出てきた情報や公文書を用いて、アドリアン・ゼンツ博士をはじめとする学者たちによって、私たちが見つけ出し、筆を走らせてきた情報がすべて裏付けられるようになった。

二〇一九年には、収容所から逃れ出ることができた者たちが話し始め、その証言により私たちが手に入れた証拠が事実だと確信した。

そして二〇一七年十一月、世界ウイグル会議の第六回臨時総会が開催された。総会は十一月十日から十二日まで続き、二十カ国から百五十人以上の代表と立会人が参加した。欧州議会議員、ドイツの国会議員、元外交官、そして国際人権団体のリーダーたちが、この場に立ち上がり、スピーチを行ったのだ。

この世界ウイグル会議で、新しいリーダーが民主的なプロセスを経て選出された。長年の友人であるオマル・カナットと私が総裁の候補となり、私が過半数の票を得て、総裁に選ばれたのだ。

総裁としての初メッセージ

第六回世界ウイグル会議の臨時総会は、ディアスポラであるウイグル人の運動における新章の開幕を告げるものだった。この会議は、世界ウイグル会議のリーダーシップとその組織構造の刷新、戦略の見直しを求めていた。世界各地に散らばる人々の訴えの中で、世界ウイグル会議の位置づけの強化、抑圧の下で生きる人々を代表する力を高めること、それに加えて、東トルキスタンで行われている恐ろしい犯罪を止め、国際社会の支援と協力を得るための新しい手段を探求することについて議論が交《か》わされた。

三日間にわたるこの会議が閉幕の時を迎えると、新たに選出された世界ウイグル会議の幹部たちを代表し、私が閉会の言葉を述べた。その中で、未来へのビジョンと世界ウイグル会議の戦略の概要について語った。

「尊敬する皆さん、六十八年間の中国共産党による統治と抑圧に立ち向かい、私たちは今ここに立っています。その中で、我々の忍耐と不屈の精神が、第六回総会の閉幕を可能にしました。その成功を祝いましょう！

この会議で、次世代リーダーたちが新たな責任を引き受け、その目標達成に向けた戦略的努力が認められました。閉幕を迎えた今、私たちは支えてくれたすべての人に感謝します。

一番重要なことは、団結です。世界ウイグル会議は、ディアスポラにある私たちの運動の最も象徴的な組織であり、その力、活力、特権、影響力はすべて団結から生まれます。それは独裁や貪欲《どんよく》からは生まれません。どんな人であろうと、私たちは皆さんを受け入れ、歓迎する責任があります。私たちは、皆さんの願いに応え、初期の目標を達成しようと努めます。その目標に向かって皆さん一人ひとりが力を合わせていただきたいと思います。

この運動は、私たちの前任者たちが築いたものです。ムハンマド・イミン・ブグラからエイサ・ユスフ・アリプテキン、ズヤ・セミディィ、アブドゥルプ・マフスム、ユスプベグ・ムヒリス、ハシリ・ワヒデ、フセイン・カリ・イスラミ、ムハンマド・リザ・ベキン、アブリキムハン・マフスムからエリキン・アリプテキン、そしてラビア・カーディルまで、すべての人々が、私たちの運動に大きな貢献をしてきました。彼らが達成したこと、祖国への愛情を誇りに思います。彼らが築いた道を私たちは続けなければなりません。

世界ウイグル会議は民主的な組織です。その基盤は、表現の自由、公正な選挙、責任感、異なる見解への尊重です。東トルキスタンのすべての人々の意見を歓迎し、異なる見解や競争を受け入れる体制を設立しています。これが私たちの運動の健全な発展に必要な鍵です。

私たちは規約と規則に基づき、すべての暴力とテロ行為を拒否します。それは、中国共産党が東トルキスタンの人々を押さえつける手段です。人権を尊重する闘いを平和的に続けることが東トルキスタンの苦境を終わらせるための重要な手段です。

私たちの世界ウイグル会議は、ウイグルの危機について議論を進め、西洋の民主主義国、国連、国際組織の注意を成功裏に引き寄せました。我々は成果をさらに拡大し、運動に理解を示す国や団体への立場を強化する必要があります。

『ウイグル友好団』の欧州議会での設立は、長きにわたり私たちの努力の証《あかし》です。中国のロビー活動は私たちの活動地域で増えていますが、民主主義の原則によりその策略は挫折しています。

民主主義国や国連、ＥＵは、我々の活動を強化する重要な舞台です。特に東トルキスタンの隣国での活動が中国の圧力により制約を受ける可能性があるため、民主主義国でウイグル人が声を上げ、中国に対する圧力を高めることが重要です。

私たちは東トルキスタンの隣人であるカザフスタン、ウズベキスタン、キルギスタンなどと歴史と文化を共有しています。しかし、中国の圧力により、我々の政治活動が制約されています。それでも、彼らの国民が我々の兄弟姉妹であることを忘れてはなりません。

中国の拡張主義政策とウイグルへの攻撃は、我々の運動を強化し、周辺国の支援を得る貴重な機会となっています。教育と啓発の必要性が高まっている中、ウイグルの言語、文化、伝統、信仰の保護と推進が必要です。

長年にわたり、私たちの主な焦点は西洋国家における広報活動の強化でした。しかし今後は、兄弟国であるイスラム教国はもちろん、中国と領土問題を抱える日本やインド、中国の脅威に直面する南アジアの国々との関係を強化すべきです。これらの地域と連携を築くことは、私たちの正義を推進するのに有益となるでしょう。

世界ウイグル会議は、世界中の多くの国際団体とネットワークを築いてきました。ウイグル危機に共鳴する団体は数多く存在します。こうした団体の援助を受けて、ウイグルの問題を国際レベルに引き上げることができます。

チベット人、モンゴル人、香港の市民たちも、中国に対する抵抗運動を拡大しています。これらの団体と協力し、中国共産党に立ち向かいたいと思っております。

私たちの同胞の皆さん、東トルキスタンの運動は尊く、勇敢なものです。私たちの敵は強大ですが、私たちの正義のための戦いは神聖です。

自由を求めるこの闘争は、世界ウイグル会議だけの責任ではありません。これは東トルキスタンのすべての人々にとっての義務であり、責任です。私たちの運動に対して何らかの貢献ができるすべての人々を、心から歓迎します。さまざまな専門分野の専門家、若者、運動の中で活動するすべての人々の参加を切に願います。私たちが代表するのはディアスポラの人々です。したがって、現実的で効率的な戦略を採用し、未来を見据《みす》えた活動を推進すべきです。

心をひとつにして、同じ目標に向かって共に戦いたいというすべての人々を歓迎します。私たちの目指す目的地に向かって、共に歩んでいくことこそが必要です」

二〇〇四年以降、事務局長や理事会議長といった役職を歴任した私は、二〇一七年、ウイグル人の活動を指導する団体の総裁となった。政治的、経済的、外交的手段や資金が大きく制限される中、自身の職務を全うするのは、困難と共に歩む道だった。

中国外交官と直接対決

中国は、国連の常任理事国で、巧妙に外交力と経済力を用いて国連を自身の意のままに動かしてきた。アメリカが国連人権理事会やその他の国際組織から一時身を引いた際、その隙《すき》を突いて中国は影響力を広げた。彼らの次の標的は、国連人権理事会だった。

彼らの策略は、私自身にも及んだ。私を国連の建物から排除し、私が自分の権利を声高《こわだか》に主張するのを阻止しようと試みた中国は、それが失敗すると別の手段を用いた。情報員や偽装した人権団体を利用して私の発言を否定し、彼ら自身の主張を押し付けたのだ。

二〇一九年四月、ニューヨークの国連先住民問題フォーラムで不審な男に監視された。この男は中国の情報員だった。

五月一日、フォーラムで私が、中国の強制収容所制度がジェノサイドや人道に反する罪に相当するものだと述べ、証拠を提示しながら口頭発表を行った。その時、私は、監視していた男が中国の情報員であり、外交官でもあることを確認した。彼は私の発言を否定するために立ち上がった。

「ここにいるこの男、ドルクン・エイサ、彼はテロ組織である世界ウイグル会議の総裁で、レッド・ノーティスに載っているテロリストです。彼はこのフォーラムを利用しようとしています。彼の言っていることはすべて真実ではありません。ウイグル人は幸せに暮らしています」

彼はウイグル人に対する中国の非人道的な行為を否定し、中国政府のいつものレトリックを繰り返した。

その後、国連経済社会理事会のアメリカ代表代行、コートニー・ネムロフ氏が反論した。

「ドルクン氏は尊敬されている人権活動家だ。このフォーラムにおいて、NGOや人権活動家の言論を制限することは許されない。もし彼がテロリストであるなら、アメリカへの入国は許可されない。また、ドイツが市民権を授与することもありえない。人権活動家の権利が侵害されることは、ここでは断じて容認されない。現在、私たちが耳にしているのは、百万を超えるウイグル人が強制収容所で生き地獄を味わっているという報告だ。これについては私たちが厳重に監視を続けている」

次は国連ドイツ大使、クリストフ・ホイスゲン氏。彼は私がドイツ市民で、中国のテロリスト説には根拠がないと断言した。

ホイスゲン大使とアメリカ代表のネムロフ氏は私を尊重し、私のスピーチと活動を称賛した。これは私の国連活動二十年で初めてで、中国に対する強烈なメッセージとなった。

「あなたの覇権と無遠慮な行動は、ここ国連で成功することはない。他者への一方的な攻撃など、ここでは容認されない」

午後には大陸会議が開催され、私はアジア会議に参加した。東トルキスタンの問題や迫害、漢族の大量移住、環境汚染、地元民のホームレス化、そして現在、数百万人に及ぶ人々に苦痛を与え、強制収容所に収容している事実について語った。

しかし、中国の外交官は私をテロリストと非難し、会議から追放すべきだと言った。私は再度発言を求めたが、その機会は与えられなかった。「民族の伝統と文化の保護」というセッションでは、ウイグルの言語、文化、伝統が大いに損なわれている事実について述べる機会がほしかった。だが、その会議は中国の外交官が支配していた。

中国人の議長は私を故意に無視し、私が発言しないように強硬に抑え込んだ。私はメモを作成し、別の共同議長に渡した。中国人の議長は私を無視することができなくなり、やむを得ず発言の機会を与えた。

私はウイグル語の使用が禁止され、教育から追放されていること、カシュガルの旧市街が破壊されたこと、ウイグルの文化と遺産が消されつつあること、中国が東トルキスタンで宗教の浄化政策を行っていることを強調した。そして、締めくくりとして次のように語った。

「本日、私は三度発言しましたが、そのたびに、中国の外交官は私を否定し、テロリストのレッテルを貼ろうとしました。私はテロリストではなく、国際法が認める言論の自由を行使し、声を持たない人々の代弁者です。しかし、中国はそれを罪と見なすのです。私の名前は一時レッド・ノーティスに載りました。しかし幸運にも、二十一年間の不当な扱いは終わり、現在、私の名前はリストから削除されています。

それでもなお、中国は私を侮辱《ぶじょく》し、テロリストだと主張します。このフォーラムは、私のような人権の守護者として戦う人々の権利を保証する場であるべきです。この外交官は私への個人攻撃を続けています。ここで私は差別的な扱いを受けていると感じています。国連の原則に従い、私はここで自身の意見を差別や制限なく述べる権利があります。外交官たちは他人の意見を尊重し、国連の規範を守り、根拠のない主張を避けるべきです」

私の言葉が終わると、会議室はざわつき、中国の外交官が気まずさを感じたのは明らかだった。それでも嘘をつくのをやめなかった。

「エイサ氏の主張は不正確です。ウイグル語は存続し、モスクは破壊されていません。ウイグルの文化は抑圧されておらず、新疆の民族は幸福を享受しています」

強制収容所をめぐる論争

中国代表団は二〇一二年以降、私たちを国連から締め出す努力を続けてきた。その策動の証拠がついに手に入った。

国連はNGOや人権活動家の名簿の公開を禁じているが、中国は国際的な規範を無視していた。ウイグル人活動家の名簿を手に入れ、その活動家たちを阻止するために、中国はあらゆる手段を尽くした。国連高官の中には、「中国は国連の大寄付国だ。求めるものを与えなければ、国連への寄付を止めてしまうかもしれない」という者もいた。

しかし、原則を重んじる者たちは、中国の行動を退けていた。彼らは中国の要求とその圧力が誤った行為だと強く主張した。そして、この問題は国連の高官たちの間で深い対立と議論を引き起こした。

二〇一二年から今日まで、中国は国連人権高等弁務官事務所やその他の国連の委員会で私たちに対する不満を申し立ててきた。また、中国政府はチベット、香港、台湾の人権活動家に対しても同様の申し立てを行っていた。中国政府は我々が国連で活動するのを阻止しようとし、各国の外交官に対して圧力をかけていた。

なぜ中国が私の活動に反対するのか。

その理由は簡単だ。初めはウイグル人の人権活動を無視していたが、二〇〇八年の北京オリンピック以降、状況が変わった。二〇〇八年に北京オリンピックが開催された時、ウイグル人とチベット人は結束し中国に対する抗議活動を行った。その年、ラサで行われたチベット人のデモは制圧され、そして二〇〇九年七月五日のウルムチ大虐殺の後、ウイグル問題は新たな段階へと昇華された。

エルドアン大統領はウルムチ大虐殺をジェノサイドと宣言し、ドイツをはじめとする他の国々も、七月五日のウルムチでの平和的なデモ参加者を取り締まるために中国が軍を動員したことを公然と非難した。ウイグルの危機は大々的に取り上げられ、世界中で報道されるようになった。議員、人権団体、国際メディアといったあらゆる人々が、ウイグル人に対する迫害に目を向けるようになったのである。

もし、中国が自由に行動できたなら、ウイグルの危機について知る者はこの世に存在せず、ウイグル人という民族の存在も知られていないだろうし、ウイグルという言葉を聞く者もいないだろう。中国はウイグル人に対する同化政策を推進し、私たちを歴史の闇に静かに葬り去ったことだろう。

だが、ことは中国の思い通りには進まなかった。ウイグル人の声は国連や欧州議会で年々高まり、ＥＵでもウイグルの危機に対する重要な決議が次々と成立した。中国もまた、ひそかにウイグル民族を絶滅させることは不可能だと悟り、国連でのウイグル人の活動に介入せざるを得なくなり、それが拡大し続ければ中国にとって深刻な頭痛の種となることを理解したのだ。そこで中国は、世界各地に散らばるウイグル人の声を代弁し、その中心に立つ私や他のリーダーたち、世界ウイグル会議のメンバーが国連に入るのを阻《はば》むことで、未来の問題を避けようと企図《きと》した。

習近平が指導者となった後、ウイグルの危機についての議題が国連で提出されるのを防ぐため、中国は恥ずかしげもなく巧妙な戦略を展開し始めた。議題が提起されると、中国は事実を否認するばかりか、それを隠蔽《いんぺい》し、歪《ゆが》めることに努めた。それがすべての真相だ。

中国の代表団は四十九人

二〇一八年、私たちは国連で中国に立ち向かうチャンスを得た。国連での中国に対する反対の声がこれほどまでに上がるとは、中国も予想外だったはずだ。

二〇一八年八月、スイス・ジュネーヴで国連人種差別撤廃委員会の会議が開催され、私は強制収容所について報告し、翌日、ウイグル人が収容所制度に抗議デモを行った。

八月十日から十三日、それに対する中国政府の報告が審査された。我々は会議に参加し、専門家から中国への質問が飛び交った。アメリカのゲイ・マクドゥーガル委員は強制収容についていて問い詰め、文書回答を求めた。

驚いたことに、中国は四十九人もの代表団を送り込んでいた。ウイグル人への迫害や収容所の存在を否定したが、国連からは厳しく批判された。ニコラス・マルガン氏は「中国がすべて否定しているのなら、議論の対象は何か？」と疑問を呈した。その言葉は、中国代表の回答に対する全参加者の不満を表していた。

会議は緊迫感を孕《はら》んでいた。東トルキスタンの強制収容所問題について、中国の兪建华大使が見解を述べた。

「新疆ウイグル自治区では、すべての民族と信仰を尊重、保護し、テロと戦っています。人権侵害や再教育センターの存在は事実無根で、新疆はテロの犠牲者です。公正に犯罪を裁くとともに、軽微な犯罪者に再教育の機会を与えています」

さらに東トルキスタンの「三つの悪」への対抗と地域の利益になるテロ対策を述べた。

中国政府の代表としてウイグル人のカイサル・アブドゥケリムが登壇した。

「新疆と中国は切っても切れない関係です。新疆は多種多様な民族や宗教が共存し、交流する地です。民族間の団結が新疆の発展を支えています。新疆の人々の生活は多くの面で改善しています」

カイサルは、東トルキスタンが観光業で繁栄し、教育や医療が向上していると主張し、「新疆に住む人々は結束して暮らしています。皆様も新疆に来て、現実を確かめてください」と語った。

中国代表団の中にいたチベット、香港、マカオの各代表たちも似た主張を展開し、それぞれの地域にいる人々の権利が尊重されていると力説した。

中国代表団の発表後、マルガン氏は中国の報告書が多すぎ、すべての問題を議論するには時間が足りないと指摘。同時に、出された多くの質問に対する答えや証拠はまだ不足しているとも述べた。

「ウイグル人やチベット人の基本権が侵害されているとの報告も届いています。ウイグル人に対する政策の正当化、ウイグルとチベットの告訴、手続きや保護についての情報が、あなた方の回答からは見えませんでした」

これは、マルガン氏が中国代表団に対して述べた指摘だ。彼は中国が具体的な法施行情報を提供せず、ウイグル人やチベット人への拷問についても回答を避けたことを強調した。その後、議論の焦点は「バイリンガル教育」へと移行し、ヴェレーヌ・シェファード氏が中国政府の「バイリンガル教育」政策について厳しく問い詰めた。

SNSで拡散されたホータン地区の教育政策に関する文書は、メディアによってその正確さが確認されていた。それによれば、二〇一七年九月からすべての学校で授業は中国語のみで行われ、ウイグル語の使用は一切禁じられていた。

シェファード氏は、「法律の存在と実際の施行は異なる」と反論した。そして、「法の文字と現実の運用は別」と述べた。

収容者は「百万人以上」

最終的に中国代表団は、大量の文書を提出し自己の立場を強化し、あらゆる批判を否定した。その文書には、中国には人権問題や民族、宗教差別は存在せず、すべての民族の文化が保護され、全員が平等に幸せに生活しているという主張が含まれていた。そして、これら一連の議論は国連人種差別撤廃委員会の会議を通じて、国連のウェブカメラで全世界に生中継された。

中国の代表団は会議後、得意げに去った。しかし、八月三十日、国連人種差別撤廃委員会が会議の結論を公表した。「百万人以上のウイグル人が中国の再教育収容所に収容されている」と結論づけたのだ。ラジオ・フリー・アジアは次のように報じた。

「国連の人権専門家たちは、中国にウイグル人の解放を要求。国連人種差別撤廃委員会の会議で、中国のウイグル地域の強制収容所問題について追及し、中国政府が百万人以上のウイグル人を再教育収容所に収容していると断じた」

報告書はまた、中国政府のウイグル地域での監視体制、検問所、個人情報収集、旅行やパスポート取得制限、教育現場でのウイグル語使用禁止などの問題を指摘した。

委員会は、収容者数、収容理由、収容所状況の詳細提供、無差別収容の即時停止を中国に要求。国連人種差別撤廃委員会の報告書は真実を明らかにし、私たちの疑念を払拭《ふっしょく》した。私たちの抗議の声が世界の共感を得て、それが中国に圧力をかけた結果、ウイグル人の強制収容所問題が認識されたのだ。

ほんの一年前までは強制収容所の存在を否定していた中国だが、二〇一九年になると、「再教育センター」という名をひねり出し使用した。これはその存在を美化し、正当化する策略だった。

中国政府が収容所の存在を隠蔽しようとすればするほど、世界の人々はその実態を深く理解した。中国の人道に対する罪は、ウイグルの危機や東トルキスタン問題を国際的な焦点に昇華させた。これにより、西洋諸国と中国との間には鮮明な対立が生じた。事実を知るための情報が求められ、メディアもこの問題に注目を集めた。

二〇一九年に中国を脱出した収容所生存者の証言が大きな影響を持ったことは、重ねて強調したい。その声は議会やメディアを通じて広まり、ウイグルの危機が国際的に認識されるきっかけとなった。

また、故郷を離れたウイグル人の闘争、親族を収容所に残したウイグル人の抗議行動——これらすべてが、真実を明らかにする力となった。

世界民主主義賞という追い風

中国が東トルキスタンに設けた強制収容所は、西側諸国の圧力や非難にもかかわらず現存し、報道によれば、収容所は拡大している。国連人種差別撤廃委員会は報告書を公表し、西側諸国が収容所の閉鎖と収容者の解放を求める圧力をかけているが、中国はその姿勢を変えていない。

これに対し、私自身も正義の存在自体を疑うようになった。「中国人として生きるか、ウイグル人として死ぬか」という選択を迫られた同胞の希望は薄い。

深い悲しみの中、全米民主主義基金からの招待状が届いた。世界ウイグル会議が二〇一九年の民主主義賞を受賞したとのことだった。

その知らせに驚きつつも喜びを感じた。中国が「世界ウイグル会議はテロ団体、ドルクン・エイサはテロリスト」と繰り返していた中、アメリカの影響力ある団体からの賞受賞は、私にとって歴史的だった。私の活動が認められ、不当な待遇を受ける同胞たちの闘争が認識される瞬間かと思った。

二〇一九年六月四日、ワシントンＤ・Ｃで開催された全米民主主義基金の二〇一九年民主主義賞の式典に出席。その場には著名な議員や外交官、人権活動家、ウイグル人活動家、ジャーナリストなどが集まっていた。

世界ウイグル会議と他の二団体が共に受賞し、カール・ガーシュマン会長が開会の辞を述べた。彼は「天安門虐殺から三十年、中国の経済成長が抑圧的な独裁国家を醸成し、民主主義に深い危機をもたらした」と指摘した。また、中国共産党が人質にしている最も苦しむウイグル人とチベット人に言及した。

ガーシュマン会長が「マイノリティー」という言葉ではなく、「人々」や「ネイション」と称することを約束した時、会場は拍手に包まれた。彼はさらに、ウイグル人とチベット人がその文化、言語、アイデンティティ、信仰の存続に対する共通の脅威に直面しており、中国共産党が統制から逃れたすべてのものを脅威とみなし、それを排除するために行動している事実を強調した。

ガーシュマン会長は、中国共産党に立ち向かう三つの集団代表たちが賞の受賞者であると語った。ウイグル人の権利を守るために孤軍奮闘する世界ウイグル会議が受賞にふさわしいと述べ、「新疆」ではなく、「東トルキスタン」と呼び名を改めた時、会場は熱烈な拍手に包まれた。

その後、ナンシー・ペロシ議員やリズ・チェイニー議員らが演説し、中国共産党に対抗する闘争を称《たた》えた。チャイナ・エイドのフー会長とチベット・アクション・インスティテュートのラドン・テトン会長が中国の抑圧を弾劾《だんがい》した。ジム・マクガヴァン議員はウイグル人の迫害と世界ウイグル会議の闘争を訴えた。

世界ウイグル会議の順番がきた際、マクガヴァン議員が堂々とステージに立った。ウイグル人権政策法を提出したメンバーの一人で、彼のスピーチは聴衆に深い印象を与えた。ウイグル人の迫害の現状を訴え、収容所での虐待と外部のウイグル人の苦境を強調した。そして世界ウイグル会議の努力を再三強調し、二〇一九年の民主主義賞をドルクン・エイサ総裁に贈るべきだと述べ、私をステージに呼んだ。ステージで賞を受け取ると、会場は拍手喝采に包まれた。

「テロリスト」から「自由の闘士」へ

三百万人以上の東トルキスタンの人々がジェノサイドに苦しむ中、この賞を受けることは重大な意味があった。私はステージ上で、自身のスピーチを始めた。

「この素晴らしい夜に集まった皆様、そして、この場を特別に彩《いろど》るゲストの皆様へ、心よりご挨拶申し上げます。

私たちは、抗《あらが》いきれないほどの重圧を背負いつつ、ウイグル人の権利を声高に唱え、その保護に邁進《まいしん》してきました。そのたゆまぬ努力が認められ、この素晴らしい賞を手にすることができたこと、私たちは無上の喜びと誇りを感じています。

全米民主主義基金に対して、私たちの心の底からの感謝の言葉を述べさせていただきます。私たちが直面してきた困難は山のように重なっていましたが、見てとれるような前進を果たすことができたのです。しかし、その達成があるのも全米民主主義基金の絶えざる支援のおかげであります。

世界ウイグル会議の指導者とスタッフ、そして世界中に離散し、私たちを支持し続けてくれるすべてのウイグル人に対して深い感謝を申し上げます。さらに、研究者、ジャーナリスト、活動家の皆様の努力もまた、顕著な変化をもたらす重要な要素となっています。

今、この賞を手にして私たちの努力が讃《たた》えられたとしても、私たちは一息つくことはできません。これまで果たしてきた進歩もありますが、多くのウイグル人が恣意的《しいてき》に収容された強制収容所は未だ閉鎖されていません。東トルキスタンにいるウイグル人たちは依然として苦しみ、最も基本的な人権を奪われた状況にあります。強制収容所に連れて行かれ、その後、消息を絶った家族や友人たちは今も行方不明です。

この瞬間、私たちはこれまでの進歩を祝うことができますが、まだ私たちの果たすべき任務は達成されていません。来年も、私たちはこれまで以上に一層の努力を払うべきです。強制収容所に閉じ込められているすべての人々が自由を取り戻すその日まで、私たちは停止することはありません。ウイグル人が真の意味で民主主義と自由、人権を享受するその日まで、私たちの戦いは終わらないのです」

ペロシ下院議長が閉会の辞を述べ、私やウーアルカイシ、世界ウイグル会議のリーダーに祝辞を贈った。私はこの賞が中国政府の非難から私たちを解放する力を感じた。

私たちはテロリストと非難され、私自身は二十一年間レッド・ノーティスに名を連ねたが、今、この賞により民主主義の団体と讃えられた。「テロリスト」から「自由の闘士」へ昇華したこの変化は大きな一歩だ。

この賞は、全世界を支配しようとする大国への挑戦の象徴で、ウイグル人の抵抗の証だった。正義と東トルキスタンの独立運動が中国の圧政に立ち向かった証だった。

六月七日、ラジオ・フリー・アジアは、「世界ウイグル会議の民主主義賞受賞は中国への圧力増大を意味するか」と報じた。

「強制収容所への注目が増す一方、イスラム教徒とチュルク語系民族の世界は沈黙を続けている。しかしアメリカの高官はウイグル危機を一貫して訴えている。西洋メディアがウイグル問題を取り上げる中、ウイグル人代表組織・世界ウイグル会議は民主主義賞を受賞した。また、中国の獄中に身を置く反体制派のウイグル人、イリハム・トフティ氏が米国自由賞を受賞した」

興奮がウイグル人に広がった。大手メディアも注目し、この賞は中国への圧力を増大させ、アメリカがウイグル危機に人々の目を向けたと報じた。

授賞式と連動した会議が計画され、東トルキスタンの強制収容所とウイグル人のジェノサイド救済について政府に訴えた。

六月六日から七日の二日間、ウイグル人権プロジェクト、ウイグルアメリカ協会、ジョージ・ワシントン大学中央アジア研究学科、そして世界ウイグル会議が共催した国際会議が開かれ、「中国の残虐行為に立ち向かう：ウイグル危機と世界の対応」を討議した。各国から参加した専門家らはウイグル人と強制収容所について、そして対応策について熱く議論してくれたのだ。

トルコで再び強制送還

以前トルコから追放され、入国禁止を通告された私だが、レッド・ノーティスは二〇一八年に削除された。しかし、入国禁止が解除されていないことを知り、トルコの弁護士イリヤス・ドガン博士と共に訴訟を始めた。彼は勝てる可能性があると確信していた。

二〇二〇年五月に訴訟を開始し、二〇二一年八月に勝訴。一カ月後、入国禁止が解除され、トルコを訪れる自由が得られた。

すぐにでもトルコへ行きたかったが、欧州にて一連の会議が控えていたため、私がトルコへ行けるのは九月二十五日以降の予定だった。その間、世界ウイグル会議の創設者エリキン・アリプテキンが重病との連絡があり、急遽《きゆうきよ》、トルコに向かうことにした。

九月十八日、私はアンカラ・エセンボーア国際空港に到着したが、渡航禁止令が出ていると審査官に告げられた。私は裁判所の命令と移民局からの書類を示した。それを受けて審査官は私を事務室へと連れて行き、そこでドガン博士に電話をかけた。

ドガン博士と彼の息子、バトゥハン弁護士は私の到着を待っていた。警察と半時間以上の議論の末、「九月一日に撤回された禁止措置が、九月九日に再び施行された」とのことだった。

私とドガン博士は驚愕《きようがく》し、彼はすぐさまこの禁止措置に対する訴訟を打ち出したが、その日は土曜で、すでに深夜二時半を過ぎていた。政府のすべての施設は月曜まで閉鎖されていた。

「友人が集中治療室にいるのです。私を見張りながらでも構わない、エリキン・アリプテキンに会わせて欲しい」

私は切々と警察に訴えたが、拒否された。ドイツへ帰る以外、選択肢はなかった。

友人たちと短い時間を共有し、彼らが去った後、送還手続きが始まった。パスポートと朝五時発の飛行機のチケットが手渡されたが、出発まで三十分しかなかった。

私は短いビデオを撮り、ツイッターに投稿した。

「私はトルコ警察に強制送還されようとしています。渡航禁止令は、九月にアンカラ行政裁判所により解除されたのに、裁判所の判決は無意味だったようです。アンカラを訪れたのはエリキン・アリプテキンを見舞うためでした」

ドガン博士は空港での映像を撮影し、それをSNSで広めた。多くの人々がSNSでトルコ政府を批判した。アリプテキンに会うための入国の試みは、のちにトルコ政界やメディアで大いに取り沙汰された。

この出来事が政治的議論の対象になり、前首相で未来党の党首、アフメト・ダウトオール氏、善良党のメラル・アクシェネル党首が政府を批判した。

送還後、私とドガン弁護士はトルコ共和国の憲法裁判所に訴訟を起こす決断をした。大統領宛《あ》てに書簡を送ったが、現時点で返答はない。

かつてはレッド・ノーティスに名を連ねていた私だが、今ではそのリストから抹消された。だが、それでもなお、「テロリスト」の冠を私に押し付けるという、中国の巧妙かつ悪質な策略を黙認している国々が存在するのだ。

第九章

強制収容所で殺された母

「もう電話をかけてこないで」

私が故郷を後にしたのは一九九四年のことだ。再び両親と対面する機会は訪れず、時折の電話で話しただけだ。それでも、一縷《いちる》の希望を胸に秘め、いつの日か再会できると願いつつ生きてきた。

中国共産党は一九四九年に東トルキスタンを占領し、同化政策を実施したが、東トルキスタンの民たちは抵抗を続けた。その結果、中国政府はジェノサイドによる強硬策へと舵《かじ》を切ることとなり、私もその被害者の一人だ。

両親はすでに高齢で、電話では元気でいることを確認するだけだった。盗聴する中国の諜報《ちょうほう》部員が存在することを知っていたからだ。両親はそれを理解し、中国政府からの圧力や脅威、あるいは他の直面する問題について語ることができなかった。時折、母親の声が震えることもあったが、何が起こったのかを聞いても、彼女は沈黙を保った。

「元気だから心配しないで」

それが彼女が電話越しに口にする唯一の言葉だった。それ以上、何も追求しなかったのは、何かを口走れば、両親が危険に晒《さら》される可能性があったからだ。

二〇〇八年、エリキン・スデック博士がアメリカからアクスを訪れ、両親に会ってくれ

母と父は私の味方だった

た。そして彼は、両親からの手紙、写真、そして短いビデオを私の元に持ち帰ってくれた。別れてから初めて、両親の顔を見ることができたのだ。

二〇一七年四月、再び電話で両親と話した。だが、その時はそれが最後の会話になるとは知る由《よし》もなかった。いつものように両親が元気でいることを確認して、電話を切った。一週間後、妻が両親に電話をかけた。

「もう電話をかけてこないで」

母がそう言ったらしい。その言葉に私は衝撃を受けた。これまでの苦難の中でも、母がそのようなことを口にしたことは一度もなかったからだ。母は強い女性だった。二〇〇三年、中国政府が私に「テロリスト」のレッテルを貼り、警察が実家に押しかけた時も、母は立ち向かった。

「テロリストであるあなたの息子をドイツから送還させて罰します」

「送還させられるものならやりなさい。なぜ、私に言うのですか。私の許可が必要なのですか」

だから、今回の「電話をかけてこないで」という言葉からは、母がどれほどの恐怖に見舞われているかが察せられた。

二〇一八年の六月十二日、他国に住む一人の友人から、私の母、アイハン・メメットの訃報が伝えられた。途方に暮れた私の心情を語る術《すべ》はない。二十四年の歳月を経て再び母に会おうと心に誓いつつも、その希望が突如として打ち砕かれた。また、どこでどのように母が息を引き取ったのかすら、わからなかった。

詳細を執拗《しつよう》に追求するメディアに対し、私ができることはなかった。実際、何も知らない。母の情報を得るべく、故郷に残る知人たちと連絡を取ろうと試みたが、すべてが徒労に終わった。兄弟とも友人とも、通信は完全に遮断されていた。

悲しみに暮れる私を慰《なぐさ》めようと、遠方から友人たちが集まった。私たちの伝統に基づき、二〇一八年六月十八日、ミュンヘンの会堂で母のためのナズル（個人を祭る儀式）を執《と》り行った。出席できない者たちは手紙や電話で私を励ましてくれた。

サム・ブラウンバックアメリカ特使やマイケル・コザックアメリカ大使をはじめ、各国の議員からも、母への哀悼《あいとう》の意が送られてきた。

ナズルから三週間後、ラジオ・フリー・アジアのウイグル局が母の訃報を公にした。二週間以上にわたる調査の結果、母が強制収容所で亡くなったことが確認された。報道によれば、母は二〇一七年の五月か六月に収容され、翌二〇一八年の五月十七日にその地で永遠の眠りについたという。

家族は完全に破壊された

母はどの収容所に閉じ込められ、どのような悲惨な状況に耐え、最終的にはどのようにして亡くなったのか。そしてどこに埋葬されたのか。

これらの疑問への答えは、今もなお見つからない。母は七十八歳だった。その老齢の体を無慈悲に収容所へと送り込んだ中国に対し、世界中から怒りの声が噴き出した。それがしばらくの間、メディアの話題となった。

二〇二〇年一月、中国政府は巧妙に演出されたプロパガンダビデオを世界に投下した。その映像には、姉アルズグリ・エイサと義理の姉アスヤ、そしてその息子のズルピカルが、私を非難していた。

母の死から二年が経ったものである理由は、親族たちがまだ収容所に囚《とら》われていたからだろう。二十六年間という長い時を経て、映像の中で私が親族の顔を見ることになるとは……。彼らは私に対する批判を口にするよう強《し》いられていたが、生きていることが確認できた安堵感《あんどかん》があった。

「父と母は老衰で亡くなりました。けれども兄弟のドルクン・エイサは、両親が強制収容所の中で亡くなったという嘘を広めています」

映像の中で彼らは繰り返していた。それは強要された言葉で、彼らは選択の余地を持たなかった。彼らは中国政府の要求を拒否することはできないのだ。映像を繰り返し見るうち、あらかじめ準備された台本を読んでいることに気付いた。

しかしこの映像がもたらした情報は、単に嘘を暴くだけでなく、父の運命についても明らかにした。父がどうなったのか、その詳細はこれまで知らなかった。しかし映像を通じて、父もまたこの世を去っていたことを知った。父がどのように、そしてどこで亡くなったのか、その詳細は依然として不明だ。

父エイサ・メメットは九十歳だった。父の墓がどこにあるのか、そして父がいつ、どのように亡くなったのかを知らないで生きている人々が、二十一世紀にどれほど存在するのか。おそらく、こんな悲劇を味わっているのはウイグル人だけかもしれない。

また弟のフシタル・エイサが二〇一六年初頭に連行され、行方不明になっていたことは既知の事実だった。二〇一九年四月に日本を訪問した際、日本に留学していた隣人の息子から、もう一人の兄ヤルクン・エイサが分離主義を主張したとの罪状で十七年の懲役刑を言い渡されたことを聞かされた。しかしそれ以上の詳細は知らされていない。もしヤルクンとフシタルが自由であれば、中国政府は彼らをプロパガンダビデオに登場させるだろう。その事実から、二人がまだ自由ではないという推論が導き出せる。

ヤルクンは新疆《しんきょう》大学の数学学部を卒業し、一九八四年からアクス教育学院で数学を教える知識人だった。一方、弟フシタルは西安公路交通大学を卒業した後、北京で英語を学んでいたが、「政府に対する抗議活動を煽動《せんどう》した」という名目で逮捕され、後に「国家分離主義に関与した」という罪を被《かぶ》せられ、二年間の服役を強いられた。二〇〇〇年に釈放された後も、彼は身体の治療が必要だった。

これは、刑務所で彼が受けた拷問の影響だろうと、私は推測している。しかしそのことについてフシタルと話し合う機会は与えられなかった。彼は二〇一六年に姿を消したのだ。中国政府が最初に強制収容所に収容した人々の中に、フシタルも含まれていたと私は思う。

私は、メルケル首相やハイコ・マース外相に何度も手紙を送った。私の両親の死と親族の状況について、詳細を知りたいという内容だ。その件について、私はドイツの外務省や欧州対外行動局のトップたちとも面談した。

さらに、ホワイトハウスへの訪問時には、マシュー・フォーブス・ポッティンジャー国家安全保障問題担当副補佐官とも対面した。また、米国国務省では、スコット・バズビー首席次官補代理代行、デイヴィッド・R・スティルウェル次官補、そしてリック・ウォーターズ次官補代理とも面会した。私の強い願いを彼らに伝えたが、残念ながら中国政府からのプロパガンダビデオ以外の情報は今のところ摑めていない。

私の家族は完全に壊されてしまった。親戚の何人が収監され、何人が強制移住させられ、何人が強制労働に駆り出されているのか、その全貌は未だ霧の中だ。

この混沌《こんとん》とした状況は、東トルキスタンの何百万もの人々が現在直面している同じ運命だ。中国政府の政策は、家族のうち少なくとも一人を刑務所や強制収容所に送り、家族を内部から崩壊させることが狙いとなっている。こうして家族を分断し、子供たちを孤児にする。そして、東トルキスタンの人々が生きるその世界を、恐怖に満ちた地獄へと変貌させているのだ。

ウイグル人たちの闘い

ウイグル人の世界的な活動の歴史は、一九四九年に中国共産党が私たちの故郷を侵略した時から始まる。だが、一九九〇年のソ連崩壊以前は、ヨーロッパの多くの国でウイグル人の活動はなかった。トルコ、サウジアラビア、中央アジアの国々での活動も、政治的制約のため、あまり成功しなかったのだ。

一九九〇年代末以降、特に二〇〇〇年代に入ると、ヨーロッパにウイグル人のコミュニティが形成され、二〇〇四年にドイツで世界ウイグル会議が設立され、私たちの民族運動は勢いを増していく。そして、二〇一六年に中国政府が強制収容所を建設し、何百万人ものウイグル人を収容し始めた際、ジェノサイド政策に反対する活動の波が世界中で広まり、東トルキスタンの問題に取り組む運動が国際的なものへと進化した。

東トルキスタンでの中国による弾圧に世界の視線を向け、人々の苦しみを伝え、私たちの大義に対する国際社会の共感を得るために、何年にもわたり、私たちは決して止まることなく努力を続けてきた。しかし、国際的な関心を引くことは容易ではなかった。

だが二〇一八年以降、中国政府が強制収容所でジェノサイドを行っていることが明らかになり、世界の人々はついに関心を向けるようになった。世界は中国と、その民族を暴力的に抹消しようとする試みについて学び始めた。ジェノサイドによる支配という中国の邪悪な意図を、世界はようやく認識したのだ。そして、中国の拡張と侵略の策略が、ウイグル人を消去しなければ継続できないことを世界は理解し、中国がジェノサイドを選んだ理由をついに悟った。

東トルキスタンの人々に対して中国が行っているジェノサイドを止めるために国際的な圧力を作ること、そして「一帯一路」などの投資政策等により、世界の民主主義や人権、現在の国際秩序を脅《おびや》かしている中国の計画を暴露することは、今日、私たちの運動が果たさなければならない使命だ。

中国共産党こそ、世界最大で最悪のテロ組織だ。彼らは暴力と無道徳な軍事力により、国民党から政権を強奪した。一九六六年から一九七六年にかけての文化大革命の時期には、少なくとも四千八百万人の命を奪った。西側の民主主義国家が、このような政権と協力し続けることは、西洋の価値観への背信だ。

今日、東トルキスタンの人々の血を流すことで利益を得ている国々は、将来、歴史の審問から逃れられないだろう。中国の強制収容所とウイグル人に対するジェノサイドを支持し続けているイスラム教国は、特に深刻な代償を支払うこととなるだろう。ウイグルのイスラム教徒に対する中国のジェノサイドを支持したイスラム協力機構の声明は、イスラム教の価値に対する裏切りであり、コーランでは大罪だ。

ウイグルジェノサイド

二〇一八年の八月、国連人種差別撤廃委員会は百万人を超えるウイグル人が拘束されていると報告した。その報告はアメリカ、ＥＵ、西側諸国のメディアに大きな反響を呼び、同情の波を引き起こした。

ディアスポラとなっているウイグル人たちは、自らの活動を一層活発化させ、SNSや国際メディアを通じて証言を始め、収容所にいる親戚の消息を求めるよう訴えた。彼らはすでに気付いていた。強制収容所とは一時的な措置ではなく、親戚がすぐに解放されるわけではないという現実を。そして、親戚が収容所や刑務所で跡形もなく消え去ってしまうかもしれないという恐怖が彼らの心を覆《おお》いつつあった。

そのような状況下で、世界ウイグル会議が主導し、ノルウェー・ウイグル委員会が「ウイグル暫定《ざんてい》司法データベース」を構築した。このデータベースには収容所にいる七千人近いウイグル人の情報が集約され、関連する団体や国へ提供されている。

さらに、世界ウイグル会議やウイグル人権プロジェクト、キャンペーン・フォア・ウイグルズ、ヒューマン・ライツ・ウォッチ、アムネスティ・インターナショナル、オーストラリア戦略政策研究所、そして数多くの独立研究者たちが収容所に関する報告書を発表した。

BBCやCNN、スカイニュース、ドイチェ・ヴェレ、アルジャジーラなど主要メディアがドキュメンタリーを制作し、欧州議会やアメリカ議会、ドイツ議会、英国議会では目撃者たちが証言を重ねた。私自身もこれらの議会で証言を行った。これらの証言は国際的なメディアの注目を集め、ウイグルにおけるジェノサイドを理解するための証拠となった。

多くの生還者たちは、外国の国籍を持つ人と結婚しており、それが彼らが釈放されるきっかけとなった。しかし、彼らが釈放される前に、中国政府は収容所で見聞きしたことを中国を離れた後に公にしないように、と要求した。もし約束を破れば、中国に残っている親戚が危険に晒されると脅《おど》された。中国から出国した後、生還者たちは一時、沈黙を保った。しかし、その沈黙はやがて破られ、彼らは収容所の実態を世界に暴露し始めた。

真実を訴えた無畏《むい》の生存者たちは、オムル・ベカリ、ミフリグル・トゥルソン、ケルビヌル・シディク、ズムレット・ダウト、トゥルスナイ・ズヤウドゥン、サイラグル・サウトバイ、グリバハル・ジャリロワ、グリズレ・アウルハン、そしてグリバハル・ハテワジたちだ。

彼らは沈黙を破り、自身の悲劇を国際的なメディアに訴え、議会で証言した。サイラグル・サウトバイとミフリグル・トゥルソンの自伝はドイツの地で出版され、グリバハル・ハテワジのものはフランスで公表された。彼ら生還者たちはそれぞれ異なる国に生活の場を見つけており、中には未だ沈黙を続けている者も存在する。それは、中国政府の脅威と、故郷に残る親戚たちの安全を心配するがゆえの行動だ。

二〇一九年六月二十二日に、西側の国々が一丸となって、収容所の閉鎖と国連人権理事会による独立調査の実施を求める共同声明を発表。二〇一九年十月にはアメリカでウイグル人権政策法案が採択され、トランプ大統領が署名した。二〇二一年十二月には、バイデン大統領がウイグル強制労働防止法に署名し、それが法制化された。これらの法律は、共和党と民主党の議員から党派を超えた支持を受ける形で成立したのだ。

東トルキスタンの強制収容所と、そこで繰り返される人権侵害の問題は、世界各国の議会で何度も語られ、討議の場に上がった。至る所で議論の俎上《そじょう》に上るこの問題について、今までに十の議会が明確な立場を表明している。それはアメリカ、カナダ、英国、オランダ、ベルギー、フランス、リトアニア、チェコ、アイルランド、そしてEUで、彼らは中国政府の行動が人道に反する罪であり、あるいはジェノサイド、またはその恐れがあると断じる決議を採択した。

二〇二一年一月十九日、アメリカ政府はついに、ウイグルにおける行動をジェノサイドと認定した。これは米国国務省が公に表明したもので、中国によるウイグル人への犯罪行為をジェノサイド、また人道に反する罪と指定するというものだった。

中国は人類にとっての災厄

二〇二〇年以降、EUは中国を「経済の競争相手」、政治の「対立者」とみなすようになった。激しい闘争と競合を経て、これらの評価が形成され、EU自身は自己賛美の謳歌《おうか》を始める。しかし、同時に、EUが中国への反対を強めることはなかった。

欧州議会は二〇一八年以降、ウイグル人に対する中国の政策に反対する五つの決議を採択するも、皮肉にも二〇二〇年十二月三十日、ドイツのEU議長国任期の最終日にEUと中国間の包括的投資協定に署名し、その一貫性は影を落とした。

この協定は七年間の協議の末に成立した。メルケル首相とマクロン大統領が中心となり、中国やアメリカに頼らずにヨーロッパを構築する計画の一部だったが、その過程でヨーロッパの価値観は蔑視《べっし》された——民主主義、人権、法の支配、さらには透明性を求める経済的利益といった価値観が犠牲となったのだ。多くの人々、そして私自身もその事実に失望した。この協定がEUに経済的利益をもたらすと思ったのだろう。だが、長い視点で見れば、それは実際には中国に利益をもたらすものだった。

そして何よりも、二十一世紀で最もひどいジェノサイドを無視し、中国がその犯罪を続けることを助長したのだ。しかし、二〇二一年に入るとEUと中国間の包括的投資協定は凍結される。その背後には、EUがカナダ、英国、アメリカと共同で中国政府の高官に対して制裁を科したため、中国政府が議員や学者、シンクタンクに報復制裁を行ったからだ。

世界ウイグル会議は、「ウイグル人の強制労働を終わらせるための連合」と共同で、中国と取引している政府や企業、個人に対する啓発活動を推進してきた。

中国の犯罪への共犯者にならないよう、東トルキスタンの人々の血で染められた中国製品の購入を避けるよう、中国への投資を止めるよう、中国との経済協力関係を断つよう、そして何よりも中国の虚偽を見抜き、その国に対して警戒するよう訴え続けてきた。

私たちは西側のすべての民主主義国家がアメリカのように中国に効果的な制裁を科し、その拡張政策を制限するよう協力することを切に願っている。人権を踏みにじって経済的利益を得る国々への警告も続けている。私たちは中国が人類にとっての災厄だと警告している。私たちの警告を無視する者たちは、中国がもたらす災厄の犠牲者になるだろう。

二〇二二年六月二十一日、「ウイグル強制労働防止法」がアメリカで施行された。この法律はウイグル人の強制労働によって生産される可能性のあるすべての商品の輸入を禁止するものだ。これはウイグル人に対する奴隷制度を撤廃するための重要な一歩だ。

私たちはこの法律が世界各地の先例となることを願っている。

第十章

ウイグル法廷

ミュンヘンでの襲撃事件

「ドイツにいたら安全だと感じますか」

この二年、ジャーナリストたちから何度となく同じ質問を受けた。

「ドイツは真に安全な国です。ここでは、どのような脅威も圧力も感じません」

そう私は答えてきた。一九九八年以降、ドイツと中国の経済関係と外交関係が深まり始めた際、中国政府が私を中国へ送還するようドイツに要求していたことは既知の事実だった。二〇〇〇年、二〇一〇年以降にも、中国政府は同じような要求を繰り返した。だが、その要求はすべて退けられた。

中国からの送還要求の事実をドイツ当局から初めて伝えられた時、私は一瞬「経済的利益を得るためにドイツが屈し、私を中国に引き渡す日が来るのだろうか」と戸惑った。だが私はドイツの民主主義と法の支配を信じており、そのような可能性を真剣には信じていなかった。二〇〇六年にドイツ市民となった時、それはさらに強まった。

韓国で中国への送還の危険に直面した時、他の国でトラブルが生じた時、ドイツは常に私を守ってくれた。だが残念なことに、二〇二〇年に私の第二の故郷ミュンヘンで突然襲われ、状況は一変した。

二〇二〇年一月十二日、ミュンヘンに住むウイグル人の友人、ヌルメメット・トゥルソンが、東トルキスタンで突然亡くなった母親を弔《とむら》うために自宅でナズルを行った。ヌルメメットは何年も母親とは会えない日々が続いていた。

ミュンヘンに住むウイグル人の仲間たちと共に、私もヌルメメットの家を訪れ、弔問《ちょうもん》を行った。それに続いて、中国政府の傀儡《かいらい》であるミヒリバン・ザキリ（新疆《しんきょう》ウイグル自治区の政府主席ショヒラット・ザキリの姪《めい》）と夫のガリプ・ザキリも参列した。それが私に対する攻撃の舞台となったのだ。ナズルが終了し、家を出ると、ミヒリバン・ザキリが私の前に突然立ちふさがり、叫び始めた。

「ショヒラット・ザキリの名前を口にするな！　彼の親族のことを絶対に話すな！　ショヒラット・ザキリを裏切り者だなどと言うな！　故郷にいる親戚の未来を思え！」

私はショックを受けた。強制収容所における三百万人以上のウイグル人の拷問、殺害、虐待に直接関与している裏切者で犯罪者の親族が、ドイツの地で私を攻撃している。なぜ、彼女たちは私を攻撃するのか。自己の意思で、それとも中国の命令なのか。

何と反応すればよいのか、私にはわからなかった。家から現れた三十人ほどの人々が、このやりとりを見ていた。彼らもまた、私と同じくショックを受けているようだった。

「今言ったことを、皆の前でもう一度話してみろ」

私は彼女に挑んだ。ミヒリバン・ザキリは再び大声で私を侮辱《ぶじょく》した。さらに、彼女の夫が私に襲いかかり、私を殴ろうとしたが、周囲にいた人々によって阻止された。

中国政府は、経済力と外交力を駆使し、国際法を悪用して私の活動を停止させ、私を中国に送還しようと試みたが、そのすべてが失敗に終わった。そこで彼らは代弁機関であるグローバル・タイムズやその他のメディアを使って、世界ウイグル会議を中傷し、私をテロリストとして描く記事を多数掲載した。さらに、私たちの事務所の位置をグーグルマップ上に公開し、私たちを脅《おびや》かした。また、中国のプロパガンダを作り上げるために、トルコ人やイタリア人などのプロのライターを雇い入れて手助けさせていたのだ。

しかし、特にドイツや、世界ウイグル会議の本部があるミュンヘンで直接的な危害を被《こうむ》る可能性があるとは思わなかった。ショヒラット・ザキリの親族が中国の手先となり、私に攻撃を仕かけてくるなど、想像もしていなかった。だが、ショヒラット・ザキリの家族は、世代を超えて中国政府に忠誠を尽くしているのだった――。

襲撃事件、その後

ラジオ・フリー・アジアのウイグル番組は、二〇二〇年一月十三日にこの衝撃の事件を報じた。以下は、その報道からの引用である。

＊

ショヒラット・ザキリの血縁者が、ミュンヘンで世界ウイグル会議のドルクン・エイサ総裁を襲撃。

二〇二〇年一月十二日、この悲劇は起こった。この数カ月間、中国政府はプロパガンダ専門のメディアを通じて世界中に散在するウイグル人を誹謗《ひぼう》中傷し、世界ウイグル会議と強制収容所に対する抗議活動を継続しているドルクン・エイサ総裁を攻撃の対象にした。ウイグル自治区議長の親戚が、多くのウイグル人たちの目の前で、総裁を襲撃したのだ。

その日、エイサ氏とミュンヘンのウイグル人コミュニティはヌルメメット氏の弔問のために集まった。突然、未招待のミヒリバン・ザキリとガリプ・ザキリが現れた。ミヒリバンの夫がエイサ氏に襲いかかったが、周囲の人々によって阻止された。

この出来事について聞かれた際、ドルクン・エイサ氏は、「ショヒラット・ザキリの親族から攻撃されるとは予想もしなかった」と語った。

ミヒリバン・ザキリとその夫ガリプ・ザキリへの連絡はついていない。

この事件は、ウイグル人コミュニティに衝撃をもたらした。「イリハム・トフティ・イニシアティブ」の議長、アニワルジャン氏もその現場に居合わせており、「これはウイグル人の民族運動、そして東トルキスタンの人々への挑戦でもある」と言っている。

欧州東トルキスタン同盟のアスカルジャン会長は、ショヒラット・ザキリの親族が意図的に集会に参加したと断言する。彼らが慚愧《ざんき》の念を示すどころか、自身の同胞を迫害しているショヒラット・ザキリの行為を弁護しようとしたことが衝撃だと、会長は述べている。

ドイツ在住のウイグル人たちによると、ミヒリバン・ザキリとズルピヤ・ザキリは、ショヒラット・ザキリの親族で、ウイグル人コミュニティから孤立していた。多くのウイグル人が強制収容所に閉じ込められ、拷問を受けている中、そのすべてを管理するショヒラット・ザキリは、迫害の共犯者であり、悪の道具だ。海外に離散しているウイグル人たちは彼を裏切り者、偽善者と見なしている。彼の潔白を証明できる者は誰もいない。宗教学者アブドゥジェリル氏もこれをウイグル民族への攻撃と指摘し、忘れてはならない事実だと語っている。

エイサ氏は言う。

「中国の脅威に屈することはない。ウイグル人は敵を見分け、線を引くべきだ」

＊

ラジオ・フリー・アジアは一月十五日にも次のように報じた。

＊

ウイグル人コミュニティは、ショヒラット・ザキリ主席の親族を非難する風潮が強まっている。

一月十二日のミュンヘンでの集会で、ザキリ主席の姪、ミヒリバン・ザキリが世界ウイグル会議のドルクン・エイサ総裁を非難し、夫のガリプ・ザキリがエイサ総裁への攻撃を試みた。

ラジオ・フリー・アジアと世界ウイグル会議が一月十三日にこの一部始終を報じると、世界中のウイグル人たちは衝撃を受けた。ショヒラット・ザキリの親族への非難の声がSNS上で高まり、彼らに対する責任追及が一斉に始まった。アルマトイ在住の政治活動家、カヒリマン・ゴジャムバリデ氏は、二千万人のウイグル人に対する殺戮《さつりく》を行ってきたショヒラット・ザキリを守ろうとする者すべてを非難すると話した。

ノルウェー在住のウイグル人知識人、ハリチェム氏は「これは散在する私たちの独立運動に対する攻撃だ。中国の傀儡との戦いは、私たちが中国に立ち向かう戦いの一部だ」と力強く語った。ウイグル人の賢老、アブドゥシュクル・ハジ氏は、ウイグル人コミュニティに向けて、リーダーを守るべきだと説いた。

ミュンヘンでの事件は多くのメディアが注目し、EUのニュース配信サイト「ヨーロピアンズ・インタレスト」が「中国政府、世界ウイグル会議を脅迫」という見出しの記事を掲載した。最近、中国政府は「グローバル・タイムズ」などを利用し、エイサ総裁への攻撃を展開している。さらに、エイサ総裁の姉アルズグリさんに対して、強制収容所での両親の死を否認させることを強《し》いている。事実、エイサ氏が母親の死を知ったのは二年前だった。九十歳とされる父親の生死については今もなお不明だと言う。

エイサ総裁は、ショヒラット・ザキリの親族を訴え、ドイツの法に則《のっと》り彼らに責任を取らせると語っている。

＊

ウイグル人団体の多くが声明を発表し、この攻撃を激しく非難したことは他のメディアも大々的に取り上げている。SNS上ではショヒラット・ザキリとその家族へのウイグル人からの批判の声が溢《あふ》れた。

活動家を暗殺する中国

ここで、世界中に散在するウイグル人活動家に対する中国の策略について、私が得た知識を提供したい。

一九九八年、カザフスタンのウイグリスタン解放組織会長、ハシリ・ワヒデが家に侵入され襲撃を受け、臓器損傷で昏睡状態に陥《おちい》り数カ月後に死亡した。

彼は勇敢な人物で、中国にとってカザフスタンにおける最大の敵だった。ウイグリスタン共和国の建国を目指しており、彼の死後、サビット・アブドゥラフマンが会長になったが亡くなり、組織は活動を停止した。

　ワヒデ会長を殺害したのは中国であることは誰の目にも明らかだ。しかし、その犯人は依然として逮捕されていない。

　二〇〇〇年三月、キルギスタンのウイグル・イティパック共和国会長ニグマット・ボサコウがキルギスタンで射殺された。ボサコウは経済力があり、愛国者で私の友人だった。この事件の犯人もまた、未だに特定されていない。

　二〇〇一年五月、ヌズグム基金会長デリビリム・サムサコワが消え、二週間後にその遺体が発見された。彼女は私たちの活動に参加し続け、支えてくれた人物だった。

　二〇一一年三月、ウズベキスタン作家協会ウイグル部門指導者エミンジャン・オスマノワが殺害された。この協会は中央アジア文化界に影響力を持つ存在だった。

　二〇一六年十二月、宗教学者で東トルキスタン教育連帯協会創設者のアブドゥルハキム・マフスム・ハジムが五十四歳で亡くなった。彼はトルコのウイグル人運動に大きな貢献を果たした。いずれも犯人は見つかっていない。

　こうした悲劇は、中国がトルコや東トルキスタンの隣国である中央アジアの共和国に干渉してきた結果、生じたものだ。中国はこの事件を通じて恐怖を煽《あお》り、反対運動を抑制し、力を奪い、最終的には完全に消し去ろうと目論《もくろ》んでいる。直接的な攻撃は、ヨーロッパやアメリカではなかなか実行できないが、中国がその範囲を広げることを決意していることは明らかだった。

ザキリ家族による一月十二日の襲撃後、私たちの事務所には監視カメラが設置され、ドイツ警察によりさらなるセキュリティ対策が提案された。

中国を裁く新たな法廷

東トルキスタンの暗雲が晴れる気配がなくとも、アメリカ以外の国々の対応は曖昧《あいまい》である。その裏には中国の反発から身を守る意図が見え隠れしている。

中国政府は、ウイグル人コミュニティの訴えをかわし、自らの悪行を否認あるいは隠蔽《いんぺい》してきた。私たち世界ウイグル会議は、ウイグル人の困難や中国の責任について、独立した法的評価が必要だと考えている。

だが、中国を裁く伝統的な手法は難しい。中国は国連のジェノサイド条約には署名しているが、国際司法裁判所の司法権には留保の立場をとり、国際刑事裁判所の加盟国ではないため、その法廷で中国を裁くことはできない。

困難は山積みだったが、他の団体から学び、新たなアプローチを探すために、そうした団体とネットワークを構築することに力を注いだ。

二〇一八年十二月、自由ロヒンギャ連合からモン・ザーニ博士とナイ・サン・ルウィン氏を招待した。モン・ザーニ博士は戦略コーディネーターであり、また『ミャンマーのロヒンギャ、ジェノサイドが燃えている』という一冊の本の共同著者でもあった。一方のルウィン氏は、キャンペーン・メディア関係コーディネーターとしての役割を担《にな》っていた。彼らと食卓を囲み議論した。自由ロヒンギャ連合の側からは責任追及の新たな方法についての示唆《しさ》があり、ローマに本部を置く常設民衆法廷へ私を紹介してくれた。

二〇一九年一月、ミラノでジアーニ・トニョニ事務総長と会談し、ウイグル問題に関する証拠を提示した。翌月、自由ロヒンギャ連合主催の国際会議で話す機会を得た。学者との出会いは有益だった。二月十一日、トニョニ氏と再会し、中国政府を国際司法で裁く戦略について議論した。結論は、中国を国際法廷で裁くのは困難だが、民衆法廷を通じて追及する道は可能だというものだった。

当時、私の親友であるロンドン在住のラヒマ・マフムードが、中国法廷の翻訳者兼通訳者として活動していた。彼女の助言で、ジェフリー・ナイス卿《きょう》のチームと連携することに決めた。しかし、法廷の中立性を保つため、世界ウイグル会議から独立した形で進行し、我々は資金調達や証拠提供を担った。法廷が第二段階に進んだ後も、やるべきことが多くあると思われた。

道のりは困難だった。ウイグル人がこれほど大胆な試みをするのは初めてのことだ。成功するかわからず、不安がつきまとう。

また、資金面でも問題があった。独立法廷では奉仕の精神で動いてくれるが、運営費は二十万から三十万ドル必要だった。これは世界ウイグル会議にとっては大きな負担だ。ウイグル人全体にこの試みの重要性を伝え、それが必要かつ有益であることを理解してもらう必要があった。そのような活動を行った経験はなく、その重圧に私は押しつぶされそうだった。

資金調達の過程で、他のNGOからの援助を依頼した。中国政府の介入の可能性が常にあったので、今までの努力が道半ばで頓挫してしまうことを何よりも心配していた。

さらに、証拠収集も困難だった。中国政府が人質外交を行い、証拠収集を妨げることが可能だという不安は、聴聞の段階で現実となる。参考人の親族は北京の政府によって、公の場で家族を非難させられた。圧力をかけられ、ウイグル法廷に提出した陳述を撤回した人もいた。

証言者たちはウイグル語やカザフ語で話すため、その言葉を翻訳する必要があった。世界ウイグル会議、ウイグル暫定《ざんてい》司法データベース、ウイグルアカデミーなどが私たちのために働き、さまざまな言語の専門家やNGOの支援者が助けてくれた。

こうした課題に対応するため、私たちはワーキンググループを設立し、法廷組織の準備を進めた。中国の影響力は広範で、その手は国際組織からメディアまで伸びていた。

しかし、私たちはそのリスクを認識しつつも、裁判を進める決断をした。

審判の時

二〇二〇年六月、私はジェフリー・ナイス卿に対し、ウイグル人やカザフ人、その他のチュルク語系民族のイスラム教徒に対する「進行中の残虐行為と潜在的なジェノサイド」を調査する独立民衆法廷の設立を依頼した。

このウイグル法廷は二〇二〇年九月三日に設立された。その後の二〇二一年六月、九月、十一月には公聴会が開かれ、五百人以上の参考人の証言を陪審団が吟味《ぎんみ》した。そして、三十人以上の目撃者の証言や四十人の専門家の意見を聞き、中国の圧政と強制収容所制度の実態を暴くための調査が行われた。

十五カ月にわたる集中的な証拠収集と審議を経て、二〇二一年十二月九日、ウイグル法廷は評決を下した。総計六十四ページに及ぶ判決の要旨が公開され、ジェフリー・ナイス卿が法廷の主宰者として、審議の決着を読み上げた。以下はその判決の結論の一部だ。

「したがって、公開の席で聞かれた証拠に基づき、中華人民共和国が新疆在住の相当数のウイグル人を滅ぼすことを意図して、出生を妨《さまた》げる対策を取ることにより、ジェノサイドの罪を犯していることは、法廷にとって合理的疑いの余地がなく、疑念がないことである」

法定はジェノサイドに加えて、人道に対する罪と拷問も東トルキスタンのウイグル人とその他のチュルク語系民族に対して行われていると結論付けた。多数の資料に基づき、収容所での組織的な拷問、レイプ、強制労働、ウイグル女性への強制不妊手術、厳重な監視などが証言した被害者の声と三十六人以上のエキスパートの証人によって裏打ちされた。

判決後、世界ウイグル会議は行動を展開した。この危機をジェノサイドと認識し、国際社会の行動を促《うなが》した。これには国連ジェノサイド防止及び保護責任事務所との共同調査も含まれた。判決の影響は大きく、英国、ＥＵ、ベルギー、ドイツ、フランスの議会に問題が提出され、メディアがこの問題を取り上げた。

振り返ると、この法廷は司法と責任に関する未来の取り組みの基盤を築いたと言える。ウイグル人に対する中国共産党の犯罪の証拠は、一箇所に集約されて保管されている。どんな犯罪が行われ、誰が被害者で、誰が責任を負うべきなのか、私たちはすべてを知っている。これは、私たちの将来のすべての取り組みの基盤を築く、重要な第一歩だった。

あとがき

私がこれまでに直面した試練や苦難は、中国の仕業《しわざ》だ。

今、私がこの書を綴《つづ》っている時、ウイグル人たちは彼らの歴史上、未曾有《みぞう》の暗黒時代を生きている。私たちはひどい状況に置かれ、恐怖に見舞われている。私自身も、その厳しい現実の中で、ウイグル人たちの悲痛な声に耳を傾け、中国の国家テロリズムから彼らを解放し、このジェノサイドに終止符を打つべく、日々奔走している。

この書を執筆する目的は、私自身の体験と洞察を通じて、世界の人々に警鐘《けいしょう》を鳴らし、自由世界に中国共産党政権の脅威を訴えることだ。ますます巨大化しているこの体制が、世界の平和と民主主義に対して持っている重大な影響について、明らかにすることだ。

さらに、この書を通じてウイグル人の事情に理解と共感を深めてくれる人々を増やしたいという願いがある。何世紀もの間、世界から忘れ去られ、今、絶滅の危機に瀕しているウイグル人たちは、あなたの支援を必要としている。

ウイグル人の滅亡は、壮大な文明の衰退、美しい言葉の消失、人類の歴史における重要な役割を果たしてきた民族の終焉《しゅうえん》を意味する。

しかし、それは始まりに過ぎない。

ウイグル人の滅亡は、他の人々が直面するであろうさらなる大惨事の前触れなのだ。多くの命が築いた民主主義と正義、世界平和の消滅という恐ろしい運命が私たちを待ち受けている。

「私たちはこの惨事にどう対処すべきか、どのように支援すべきか」と、ウイグル人や私のことを知っている人々から尋ねられることが多い。

私の答えは単純だ。

沈黙を破ってほしい。

ジェノサイドが行われているにもかかわらず沈黙していることは、それに加担することと同義だ。不正や圧政、ジェノサイドに直面している場では中立は存在しない。沈黙こそが大惨事やジェノサイドの始まりなのだ。

八十年ほど前、人類は同様の事態に遭遇した。大衆も組織も国家も、一様に沈黙を守った。その結果、ホロコーストが引き起こされ、六百万人のユダヤ人と無実の人々が命を奪われた。

あなたが発する一言ひとこと、あなたが起こす行動ひとつひとつが、この二十一世紀のジェノサイドを止める大きな力となる。

あなたの力を決して過小評価してはいけない。あなたが沈黙を破る日、それが一人のウイグル人の命を救う日となるだろう。

百万人が沈黙を破る日、それが百万人のウイグル人の命が救われる日となる。

二千五百万人が沈黙を破り、私たちを支持する日、それが東トルキスタンの二千五百万人が自由を取り戻す日となる。

世界の平和が永遠に続くため、健全な民主主義が保たれるため、私たちの世界が持続可能であるために。沈黙を破ってほしいと願う。

世界ウイグル会議総裁　ドルクン・エイサ

監訳者あとがき

親友ドルクン・エイサに捧ぐ

「犬は吠《ほ》えるが、キャラバンは進む」

我が親友ドルクン・エイサの半生を思う時、この言葉が頭に浮かぶ。中東の諺《ことわざ》だそうで、「いかに五月蝿《うるさ》い邪魔が入ろうが、進むべき道を往《ゆ》け」という意味である。

本書を読めば、過去三十年近く、ドルクンがいかに悪質な脅迫、妨害、嫌がらせに遭ってきたかがわかる。世界のどこにいても、それは続いた。しかも敵はただの頭のおかしな個人や集団ではない。世界二位の経済力（少々怪しいが）と、世界三位の軍事力を持つ独裁の大国だ。並みの人間ならとっくに精神を病《や》んだにちがいないが、彼はそうならず、自らの進むべき道、フリーウイグルに向かうキャラバンを進めてきた。

私がドルクンと知己《ちき》を得たのは二〇〇九年。最初はSNSでのやり取りだったが、翌一〇年、来日した彼に初めて面会した。今となっては懐かしい感すらあるが、当時はドルクンの来日、入国自体が大事《おおごと》だった。というのも、本書にあるとおり、自由主義陣営の一画にあるはずの韓国や、あの超大国アメリカさえも、ドイツ国籍を持つドルクンの入国を許さなかったからである。

彼は、幾つもの国、機関から不当な「締め出し」を喰らっていたのだが、幸い我が国だけは二〇〇六年以降、一貫して彼をそんな目に遭わすことはなかった。

二〇一五年以前は、アメリカでさえもドルクンを「中国のテロリスト」扱いしていたのだ。その彼がなぜ、日本には何度も入国でき、故・安倍晋三元総理ら有力政治家と交流できていたのか。これはドルクンと日本の間の「良き謎」である。

そしてこれが、ドルクンが日本を「特別な国」と呼ぶ所以《ゆえん》でもある。

友人としてのドルクン・エイサはとにかく愉快な男だ。私的な会話はいつもジョークの連発。周りを笑わせ、自らも大声で笑うのが彼のいつものスタイルだ。私たちの間で長らく定番だったジョークの一つは「俺、中国のテロリストだからさ」というものだ。普通なら皆が口にするのも憚《はばか》るであろう、自身の境遇すら彼はジョークにしてきた。

十年前、ドルクンの旧友が私にこう言ったことがある。

「カオリ、君がウイグル語を読めなくてよかったよ。ネット上にはドルクンに関する嘘っぱちの悪口が溢《あふ》れている。君がこれを読んだら、吐き気を催すか、彼を嫌いになるかのどちらかだろう。チャイナに操られた連中のネガキャンと、心弱い同胞の妬《ねた》みの産物だけど、毎日こんなことを書かれていても、ドルクンがあんなに平然としていることに僕はいつも驚く。そしてあらためて彼を尊敬するんだ」

ドルクンにこの件を尋ねたことがある。なぜあなたは自分への執拗《しつよう》な中傷を気にかけずにいられるの？　と。彼の答えはこうだった。

「君も知っているだろう。俺はすごく忙しいんだ。そんなものにかまっている暇はない」

その後はいつもどおり、ジョークの連発だった。

二〇一七年、ドルクンが世界ウイグル会議の総裁に就任したころ、ウイグル人を巡る状況はそれ以前とは比べ物にならないほど悪化していた。

「ジェノサイド」。アメリカ政府や各国議会がそう認定する地獄——。

何百万ものウイグル人が理由もなく強制収容所へ送られ、自宅でも監視される。ウイグル地域がまさに「巨大な監獄」と化した様子が幾つかの漏洩《ろうえい》ソースから見て取れた。

そんな二〇一八年、ドルクンに異変が起きた。

七十八歳の母、アイハンさんが強制収容所で死亡したという情報がもたらされたのだ。

このときばかりは、電話の向こうのドルクンは極端に言葉少なく、声も掠《かす》れていた。

「食欲がない。友人との集まりに行く気もしないし、SNSも見ていない」

ドルクンのお母さん自慢は幾度も聞いてきた。

「俺が電話口で泣きそうになると『母親の私が泣かないのに、なぜお前が泣くの。しっかりしなさい』と叱られるんだ」と話していた毅《つよ》き母。その母の理不尽な死を、彼は乗り越えられるだろうか。ひょっとしたらウイグル運動から身を引いてしまうのではないか。

数カ月ほど、ドルクンへの連絡を控えていた。

ある日、SNSを開くと、演説するドルクンの映像が目に飛び込んできた。

「私は母を中国に殺された。多くのウイグル人が家族を奪われ、殺され、今も脅迫を受け続けている。中国政府は即刻、私たちの家族を解放しろ。習近平は罪を負うべきだ」

ドルクンにメッセージを送った。

「あなたを友人に持って心底光栄です。世界中のありとあらゆる栄誉を束にしても足らないぐらい、あなたは素晴らしい」

するとこう返信があった。

「ありがとう。でも俺はいまだに『中国のテロリスト』だぜ（笑）」

一日も早く、親友ドルクン・エイサがキャラバンの先頭から外れて、ごく普通の男に戻る日の訪れんことを――。すべてのウイグル人に自由を。

二〇二三年十月

有本香

訳者謝辞

ドルクン・エイサ氏はこの本の中で、現在ウイグルで進行しているジェノサイドのみならず、インターポールや国連などの国際機関と、民主主義国と称される国々が抱えてきた問題について明らかにしている。

ウイグルに関する貴重な情報を提供して下さった世界ウイグル会議のスタッフの皆様、ウイグル研究センターのアブドゥルハキム・イドリス所長、キャンペーン・フォア・ウイグルズの創設者、ルシェン・アッバス氏、日本ウイグル協会のスタッフの皆様に御礼申し上げたい。また、ウイグル語を翻訳し、情報を下さったアフメット・レテプ氏と、ウイグル人権活動について教示してくれた三浦小太郎氏に謝意を表したい。

とりわけ、月刊『Hanada』の花田紀凱編集長の深いご厚意と、編集部の野中秀哉氏の取って下さった多大の労に対して深く感謝申し上げたい。

二〇二三年十月

三浦朝子

本書は2022年に刊行された『The China Freedom Trap』(HAR-ANAND PUBLICATIONS PVT LTD)を翻訳、再構成したものです。


【著者略歴】

ドルクン・エイサ

「世界ウイグル会議」総裁。

1967年、ケリピン県生まれ(ウイグル南部の町)。1984年、新疆大学に入学。1988年6月、ウルムチで大規模な学生デモを主導。数カ月間の自宅軟禁の末、大学から追放され、中国政府のブラックリストに。1990年、北京に移り、1992年に食堂を開業。1994年、トルコに脱出し、1996年、ドイツに亡命。同年11月、「世界ウイグル会議」の前身である「世界ウイグル青年会議」を結成した。1997年、中国によりインターポール(国際刑事警察機構)を通じて国際指名手配、2003年には「テロリスト」に指定される。2017年、「世界ウイグル会議」の3代目総裁に選出。2018年、長い闘いの末、インターポールの国際指名手配は解除された。2019年、アメリカ議会で民主主義賞を受賞。


【監訳者略歴】

有本香(ありもと かおり)

ジャーナリスト。

1962年生まれ。東京外国語大学卒業。雑誌編集長、上場企業の広報担当を経験したのち独立。現在は国内外の政治をテーマに執筆。著者に『「小池劇場」が日本を滅ぼす』(幻冬舎)、『「日本国紀」の副読本』『「日本国紀」の天皇論』(共著・産経新聞出版)などがある。


【訳者略歴】

三浦朝子(みうら あさこ)

青山学院大学文学部卒業。早稲田大学大学院文学研究科修士課程修了。白百合女子大学大学院文学研究科博士課程単位取得退学。米オレゴン州立大学、米イェール大学大学院で学ぶ。韓国の㈱デイリーNKで北朝鮮の人権・民主化問題と関連する取材、翻訳、通訳に従事。アジアの人権・民主化問題に関する活動に従事。現在、非常勤講師として大学で英語の授業を担当。訳書に『北朝鮮、隠された強制収容所』(共訳・草思社)、『北朝鮮の人権』(共訳・連合出版)。

「テロリスト」と呼ばれた男

2023年11月20日　第1刷発行

著　　者　ドルクン・エイサ
監訳者　有本　香
訳　　者　三浦朝子
発行者　花田紀凱
発行所　株式会社　飛鳥新社
〒101-0003　東京都千代田区一ツ橋 2-4-3　光文恒産ビル
電話　03-3263-7770（営業）　03-3263-5726（編集）
https://www.asukashinsha.co.jp
装　　幀　DOT・STUDIO
印刷・製本　中央精版印刷株式会社

ISBN 978-4-86410-986-4

編集協力　高橋ジェイド
編集担当　野中秀哉